Rafael Rueda Muhlmann

Ideias Milionárias

Como reinventar-se para conquistar seus sonhos

Editora
Seja Brilhante

Dados Internacionais de Catalogação na Publicação (CIP)
(Câmara Brasileira do Livro, SP, Brasil)

Muhlmann, Rafael Rueda
    Ideias Milionárias : como reinventar-se para conquistar seus sonhos / Rafael Rueda Muhlmann ; Oswaldo Muhlmann Junior. -- 1. ed. -- Curitiba, PR : Ed. do Autor, 2020.

    ISBN 978-65-00-14387-4

    1. Economia 2. Educação financeira 3. Finanças 4. Investimentos I. Junior, Oswaldo Muhlmann. II. Título.

20-52658   CDD-332.6

Índices para catálogo sistemático:

1. Educação financeira : Economia 332.6

Aline Graziele Benitez - Bibliotecária - CRB-1/3129

DEDICATÓRIA

Dedico este livro a todos os meus clientes, amigos e seguidores, que são fontes de inspiração.

A todos aqueles que de alguma forma já contribuíram com o meu crescimento pessoal, emocional, espiritual, intelectual, físico, financeiro ou profissional.

Jamais poderia deixar de mencionar minha família, que sempre esteve ao meu lado oferecendo apoio em todos os momentos e assim permitiu a realização desta obra.

Este livro é igualmente dedicado a todos os pesquisadores, cientistas, professores, autores e mestres do conhecimento que em algum momento serviram de base, possibilitando minhas pesquisas, estudos, reflexões e conclusões.

Gratidão ao meu estimado e amado pai, que generosamente revisou todo o texto.

Por fim, dedico este livro a Deus, energia superior, fonte de luz e amor, através do qual todos somos um.

SUMÁRIO

Introdução 7

Capítulo 01 -Tudo começa nas escolhas.....................................11

Capítulo 02 - Cada ser humano constrói seu próprio futuro.............18

Capítulo 03 -Você é carvão ou diamante?..45

Capítulo 04 - A vontade e o desejo 49

Capítulo 05 - Somos o que pensamos 52

Capítulo 06 - O pensamento e a pobreza 58

Capítulo 07 - Dinheiro traz felicidade? 66

Capítulo 08 - Seja brilhante 70

Capítulo 09 - Os saltos quanticos 105

Capítulo 10 - Use o poder da internet e das redes sociais 133

Capítulo 11 - Ideias milionárias 167

Mensagem final 186

INTRODUÇÃO

Este é um livro preparado com o intuito de estimular a reflexão, tirando o leitor da mesmice e da vida comum a que a maioria das pessoas está acostumada, apontando caminhos para uma mudança significativa.

Insanidade é fazer sempre as mesmas coisas várias e várias vezes, esperando obter um resultado diferente.

Albert Einstein

Um dos instrumentos mais valiosos para criar uma mudança é interromper seu antigo padrão de comportamento e substituí-lo por algo novo. Qualquer pessoa pode assumir o compromisso de fazer algo que sempre fiz, numa base permanente ao longo de toda minha vida: tornar-se um leitor.

Enfrentar obstáculos, crescer, trabalhar por dias melhores, obter reconhecimento, são algumas expectativas que podem fazer parte do dia a dia de todos nós. Mas ao longo de nossa caminhada, a vida nos apresenta diversos desafios, que equivocadamente algumas pessoas preferem chamar de problemas. A forma como tratamos estes desafios é que fará a diferença em nossa maneira de ser, ousar e sonhar. Aprender a escolher o comportamento que desejamos mostrar pode ser um caminho razoável para uma vida mais harmoniosa, digna, saudável e que valha a pena. Compreender que o seu sucesso depende apenas de você mesmo e que somos os únicos responsáveis pelo nosso próprio destino, significa despertar para um caminho sem volta. Tornar-se uma pessoa brilhante, no fundo, depende apenas de nós mesmos e pode ser muito mais simples do que imaginamos.

Em geral as pessoas se escondem no passado ou no futuro. É muito fácil você se esconder no passado, quando reclama e alega que aquilo que você é se deve às circunstâncias da sua infância. Também é muito fácil se esconder no futuro, passando todo o tempo se preocupando com o que vai acontecer. Você sabe o que significa a palavra preocupar? Ocupar-se antes da hora com algo que ainda não aconteceu. Isso acontece porque você não está usando a sua mente adequadamente e no momento atual ela está deixando de se ocupar com o presente, passando a estar pré-ocupada com aquilo que poderá acontecer no futuro.

Assim, precisamos estar comprometidos com o presente e criar hábitos que nos permitam chegar onde queremos. Caso você leia e releia este livro de forma comprometida, aproveitando as informações para incorporar novas ideias que lhe permitam alterar seus hábitos e inserir este material no seu inconsciente, certamente deixará de se esconder no passado ou no futuro, passando a estar no controle da sua vida, com plena consciência do aqui e agora.

No seu cérebro não existe futuro! Você já acordou amanhã? Não, pois você acorda sempre hoje. Assim, a partir de hoje assuma o compromisso consigo mesmo de sair da mesmice e transformar-se em uma pessoa melhor.

Ser uma pessoa brilhante não é privilégio dos chamados gênios. Você pode ser excepcional em qualquer área da sua vida, desde que adquira conhecimento e coloque em prática aquilo que aprende, dedicando tempo e esforço nisso. Pessoas brilhantes também erram, e erram muito mesmo. Mas você tem que se permitir errar para acertar. A prática da criatividade e a persistência são características comuns entre as pessoas de sucesso.

Nesta obra, compartilho conhecimento através da minha capacidade de simplificar ideias, desejando que esta experiência de leitura possa transformar sua vida.

Minha inspiração para escrever este livro, ensinar educação financeira, falar sobre riqueza e explicar como alguém pode transformar-se em uma pessoa brilhante, traz um sentido transcendental à minha existência. Qualquer um pode mudar o seu destino, mas precisa aprender a controlar seus pensamentos, compreender e ajustar sua mentalidade ou *"mindset"*.

Confesso que hoje me realizo ao compartilhar sugestões e *insights* do que as pessoas podem fazer para conquistar prosperidade de uma forma integral, tornando reais seus desejos de uma vida melhor, com mais saúde, paz de espírito, equilíbrio emocional e abundância financeira. Muitos seres humanos ainda sofrem por não ter a compreensão do seu potencial, não buscar conhecimento, não experimentar o poder da ação, não saber identificar seus dons, talentos, habilidades e não sair da sua zona de conforto. Não devemos sentir medo de sonhar alto desde o início, sendo necessário o desejo, a vontade, o conhecimento, a ação e algumas coisinhas mais para que possamos nos realizar e também alcançarmos a prosperidade integral.

Nesta viagem de leitura e reflexão, o ritmo é seu! O mais importante é compreender, assimilar e aplicar os conceitos e informações adquiridos. Utilizar as ideias milionárias aqui transmitidas exige autocompreensão, expansão da consciência, prática e muita transformação. Abra sua mente, aproveite o conteúdo, prepare-se para despertar a autoconsciência e estimular seus pensamentos possibilitando a mudança necessária para o seu crescimento pessoal, espiritual, profissional e financeiro.

Capítulo 01

TUDO COMEÇA NAS ESCOLHAS

Parto da certeza de que cada um de nós é capaz de transformar-se na pessoa que quiser ser, mas isso, conforme mostrarei ao longo destas páginas, requer de nós desejo e determinação para fazer. Uma das qualidades mais fascinantes dos seres humanos é a extraordinária capacidade de mudar e sempre poder melhorar. Dizer que não é possível mudar ou que nossos defeitos estarão ali para sempre porque "nascemos assim" é no mínimo um pensamento medíocre. Afirmo isso com a convicção de quem passou por diversas experiências pessoais e profissionais que demonstram o poder da mudança.

Escrevo este livro com o conhecimento de quem vivenciou experiências pessoais e profissionais transformadoras. Sei bem como se sente uma pessoa subestimada, amedrontada e sem dinheiro no bolso. Graças ao trabalho árduo dos meus pais sempre tive um lar e nunca passei necessidade, mas assim como milhares de pessoas, iniciei minha trajetória de forma simples e humilde, realizando estágios a partir dos 16 anos, posteriormente me tornando empregado, empregador e investidor. Neste exato momento, aos 45 anos de idade e tendo passado por mais de 20 anos buscando conhecimento, tenho absoluta convicção de que nossos pensamentos nos definem, sendo importantíssimo aprender a controlá-los. Sinto uma real dificuldade em aceitar pessoas alegando que simplesmente não tem sorte, que querem ganhar dinheiro mais não sabem como, que acreditam não serem capazes. Certamente ninguém lhes ensinou que pensamentos são coisas, e coisas bem poderosas quando se unem a propósitos definidos, persistência e um ardente desejo de ser, ter ou fazer. Desta forma, concluí através da minha própria experiência e observando ainda a vida de muitas outras pessoas, que para evoluir precisamos desenvolver a capacidade tanto racional quanto emocional de nos responsabilizarmos por tudo aquilo que acontece em nossas vidas, sejam acontecimentos positivos ou negativos. Além disso, é necessário estar consciente de que quanto mais se busca algo com espírito negativo e egoísta, mais difícil será obter o conhecimento e conquistar o que se deseja.

Aprendi que muitas vezes as derrotas são lições e o conhecimento aplicado é realmente o que transforma. No decorrer deste livro, você perceberá que conhecimento aplicado é dinheiro, riqueza e poder; portanto, ler algo de valor, algo que alimente sua mente, algo que lhe ensine coisas novas, muitas vezes pode ser mais importante que comer. Se possível leia ao menos trinta minutos por dia e prefira perder uma refeição a perder sua leitura, alimentando seu cérebro com valiosas informações, que farão a diferença para que sua vida seja repleta de prosperidade.

Hoje tenho claro que para mudar de vida é indispensável compreender o funcionamento da mente humana e contar com uma motivação profunda, que seja o motor para impulsionar nossas aspirações com um sentido verdadeiro, que nos leve a descobrir o potencial que temos para superar qualquer obstáculo, pois desta forma, o dinheiro, a riqueza e a abundância chegarão por si mesmos.

Determine, exatamente, o que pretende dar em retribuição pelo dinheiro que deseja. (Não existe o algo de graça como realidade).

Se você sabe para que deseja ter dinheiro, riqueza e abundância, será mais fácil alcançar seus objetivos. Pode parecer fácil, mas definir o motivo real pelo qual você quer ter dinheiro, nem sempre é tão simples. Outro ponto importante é identificar o seu "propósito de vida" e descobrir como monetiza-lo. Aliás, ganhar dinheiro não deve ser o seu propósito de vida, mas é o seu propósito de vida que poderá fazer com que você ganhe muito dinheiro. O significado disso ficará mais claro no decorrer da leitura, quando você verá que precisa descobrir quais são seus verdadeiros desejos e como surge o que podemos chamar de "modo de vida brilhante", que irá diferenciá-lo das pessoas comuns.

Neste livro, será possível descobrir também, que dentro de você existe uma incrível capacidade para ferver e apaixonar-se por seu objetivo de vida, de forma a alcançar o que se proponha a fazer. Neste ponto, basta observar que o alcance da riqueza, da prosperidade e da abundância, está ligado diretamente com a transformação do conhecimento em sabedoria e com o crescimento de cada um como pessoa. Muito provavelmente você ainda não se deu conta, mas a forma como se comporta, abraça, conversa, é amável, generoso, liga para alguém que talvez não espere, pensa positivo, estuda, entre outras ações, tem relação direta com a prosperidade e com o dinheiro.

Nada ganha uma pessoa em dizer que quer progredir financeiramente se os seus hábitos, aquilo que estuda ou lê, suas atividades e as pessoas que a rodeiam, seguem sendo sempre iguais. Inclusive quando suas horas de sono seguem sendo longas e plácidas, esperando que sua realidade mude por si só como por arte de magia. Assim, posso afirmar que não existe diferença alguma entre uma pessoa pobre e uma pessoa que queira ser rica, mas não tem atitude e não faz nada útil para alcançar seus objetivos.

Nós somos animais linguísticos e através da linguagem, além de nos comunicarmos, somos capazes de transcender, no sentido de começar de novo, não interessando como foi a nossa infância e nem o que já aconteceu conosco. E para começar de novo é necessário saber escolher. Sei que o ato de escolher é algo que parece simples, mas na realidade não é. A maioria das pessoas acredita que sabe escolher e no fundo não sabe. A maioria das pessoas não entende o poder das escolhas e como elas deveriam ser feitas. Qualquer pessoa que queira descobrir se as suas escolhas tem sido boas ou não, deve analisar sua própria vida. Se a sua saúde vai bem, se emocionalmente, fisicamente e FINANCEIRAMENTE você está bem, significa que suas escolhas tem sido boas. Se você está realizado, tem a vida que gostaria de ter e se sente feliz ao acordar todos os dias, você faz parte de uma minoria de pessoas que aprendeu a escolher. Agora, se você tem problemas de saúde, emocionais, conjugais, financeiros, entre outros, provavelmente as suas escolhas não tem sido boas.

Preste muita atenção nisso: "Toda escolha primária, gera automaticamente escolhas secundárias".

Quando você faz uma escolha que chamamos de primária, você faz também uma série de escolhas secundárias. Se eu escolher tonificar os meus músculos toda manhã, como uma escolha primária, perceba que eu estou simultaneamente escolhendo levantar mais cedo, ir para uma sala de musculação, fazer ginástica, tomar banho, etc. Então no momento que você faz uma escolha, você nunca faz uma escolha só, mas sim uma série de escolhas. Perceba que uma escolha normalmente gera uma sequência de escolhas e acontecimentos. Além disso, note que você tem o direito de fazer as escolhas, mas não de escolher as consequências.

Sua vida é apenas o reflexo e a consequência das suas escolhas.

No ato de realizar escolhas, nossas crenças, valores e emoções tem um peso fundamental, que nem sempre nos permitem pensar com clareza em qual serão as consequências. Por isso é comum fazermos escolhas com consequências indesejáveis. O seu livre-arbítrio está em realizar a escolha e não em escolher as consequências. Perceba, portanto, que realizar escolhas antevendo as consequências, lhe permite antever como será o seu futuro. Muitas vezes você faz uma coisa achando que é boa, mas no fim, acaba tendo consequências drásticas, ruins ou negativas e percebe que cometeu um erro.

Outro fator que atrapalha nossas escolhas é a falta de fé. É comum escolhermos aquilo que acreditamos ser possível e não aquilo que realmente queremos. Isso frequentemente acontece por conta da forma como somos tratados na infância. Imagine uma criança que escolhe um presente de aniversário, mas quando chega no dia ela ganha outra coisa ao invés do que pediu. Essa criança decide inconscientemente que nunca mais vai escolher aquilo que realmente deseja, mas sim aquilo que ela acredita ser possível, pois assim evitará novas frustrações. Isso acaba se tornando uma crença limitante, que inevitavelmente reprime e impede a realização das suas vontades e desejos.

Um processo educacional que permite aprendermos como utilizar melhor o nosso cérebro e desta forma ajustar nossa mentalidade, a fim de fazermos escolhas que realmente se alinhem com os nossos objetivos, é a PNL (Programação Neurolinguística). Importante esclarecer que o conhecimento deste processo educacional não é restritivo, permitindo que qualquer pessoa possa utiliza-lo de forma a identificar os conjuntos de modelos e padrões que influenciam a sua própria mente, o seu corpo e o seu comportamento. Qualquer pessoa pode aprender a PNL para aumentar o seu autoconhecimento, a autoconsciência e aplicar as técnicas em si mesmo.

Através da PNL você assume completamente a responsabilidade da sua vida, parando de ser refém de si mesmo e da sua história, passando a conhecer e compreender as suas limitações. E a partir do momento que você sabe quais são as suas limitações internas e você reconhece e inclusive percebe o quanto algumas histórias mal resolvidas do passado criaram dificuldades que você esta vivenciando hoje e que se refletem no seu futuro, você passa a se dar conta de que situações de ansiedade, por exemplo, podem estar acontecendo por conta disso. Reconhecer estas questões seria uma forma importante de trazer a responsabilidade para si mesmo e aprender com isso. A partir do momento que aprendemos com os eventos do passado e com as emoções que estamos sentindo, passamos a assumir de volta o controle da nossa vida.

Se você pretende assumir definitivamente o controle da sua vida, deixo aqui um convite para que assista de forma gratuita e descomplicada o curso de PNL disponível no Canal "Seja Brilhante" no Youtube.

Para criar o seu futuro, inicialmente você precisa estar consciente de si mesmo e de tudo aquilo que faz. Perceba que é comum estarmos criando nosso futuro de forma inconsciente e sem controle dos resultados. Compreender que cada escolha gera uma consequência e manter-se consciente disso é importante para sermos protagonistas de nossas próprias vidas.

Chegar a algumas destas reflexões foi fruto de estudo, leitura, mas principalmente da experiência de vida. Aprendi o poder das escolhas e transformei muitas dificuldades que se impuseram na minha trajetória em oportunidades de aprendizado e crescimento. O que para muitos seria uma tragédia, para mim sempre pareceu oportunidade. Nos momentos mais confrontantes e desafiadores, enquanto ainda procurava um norte, comecei a mudar minha mentalidade, meu "*mindset*", o que me permitiu sair de uma vida comum para uma vida produtiva, próspera e cheia de realizações.

Capítulo 02

CADA SER HUMANO CONSTRÓI SEU PRÓPRIO FUTURO

Ao término deste livro, cada leitor certamente será capaz de compreender como é possível enriquecer, gerando riqueza para si, para os outros e tendo mais prosperidade. Porém, compreender as etapas pelas quais passei durante todo o meu percurso até aqui, pode auxiliar e quiçá, resultar em um melhor entendimento do processo. Desta forma, este capítulo é composto por uma breve biografia profissional que poderá ser enfadonha, mas muito esclarecedora.

Cursando o segundo grau técnico em "Processamento de Dados", aos 16 anos iniciei minha vida profissional, através de um estágio no setor público. De lá para cá passei por altos e baixos, aprendendo lições vitais para chegar na situação confortável em que me encontro hoje. Meu desejo de prosperar sempre foi imenso, mas por muitos anos a falta de autoconhecimento me prejudicou bastante.

Foi ao longo destes mais de vinte e cinco anos trabalhando, que pude observar e perceber que a principal diferença entre as pessoas bem sucedidas e as fracassadas, está, em primeiro lugar na programação mental de ambas e em segundo lugar, no desejo ardente de aprender e realizar.

Basta observar que a maioria dos bilionários atuais veio da classe média, da pobreza ou da extrema pobreza, para ter a certeza de que é possível mudar nossa realidade. Mas mesmo sabendo que o sucesso independe da origem e do contexto social em que uma pessoa nasceu e foi criada, conforme explicarei mais adiante, sabemos também que é mais fácil alcançar objetivos quando temos referências positivas e nesse sentido preciso reconhecer que meus pais foram muito importantes em todo o processo de me tornar quem sou hoje, tendo sido incentivadores no desenvolvimento dos meus dons e dos meus talentos. Desde cedo, mesmo com muita dificuldade, minha mãe sempre buscou me oferecer um ensino de qualidade, muitas vezes deixando de comprar coisas para si e investindo em mim.

No final da década de 1980, enquanto pouco se falava em informática no Brasil, eu já tinha aulas de programação em um TK-85. Depois, na década de 1990, consegui comprar meu primeiro computador, um CP-500 e poucos anos mais tarde um MSX. Provavelmente, muitas pessoas sequer ouviram falar nestas siglas, que eram o nome dos computadores da época. Depois vieram o 486, 586, Pentium e tudo aquilo que as pessoas conhecem hoje em dia. Naquele momento eu já percebia que a evolução tecnológica seria cada vez mais rápida e que eu precisava me preparar para lidar com mudanças. Talvez isso tenha me dado uma vantagem competitiva e em muitos momentos ao longo da minha caminhada profissional eu me senti como se estivesse à frente do meu tempo. Assim, apesar dos meus testes vocacionais apontarem para a área de humanas (direito e jornalismo), acabei entrando em um curso superior na área de Tecnologia, o que certamente ajudou a desenvolver meu pensamento lateral e me deu uma boa visão de futuro.

Meu primeiro estágio foi no Centro de Processamento de Dados (assim era chamada a área de tecnologia na época) de um importante órgão público, o Tribunal de Justiça do Estado do Paraná. Do estágio ao meu primeiro emprego foram apenas dois anos. A partir de 1996 passei a trabalhar como técnico em uma das primeiras

BBS (Bulletin Board System) e Provedora de Acesso à Internet do Paraná, a SUL!BBS, que hoje já não existe mais, mas que na época foi referência no setor e serviu de alimento para os meus sonhos, descortinando um mundo novo e cheio de possibilidades. Nessa época, instalar placas de fax/modem nos computadores, configurar e fazer conexão discada eram boa parte do meu trabalho, além de orientar os clientes quanto ao uso de *e-mails, chats, navegadores* e tudo o que começava a ser utilizado, mas que para a maioria das pessoas ainda era novidade.

As coisas começaram a acontecer de forma rápida e em menos de dois anos após o início na Sul!BBS, eu já tinha fundado a minha própria empresa, com mais de quinze técnicos trabalhando e prestando serviços para diversos clientes: pessoa física, jurídica e especialmente para os bancos, que nessa mesma época lançavam uma grande novidade, o internet banking, sendo necessário instalar e configurar acesso através de conexão discada para seus principais clientes. Importante ressaltar, que nesse período a concorrência ainda não era tão grande na área de tecnologia, entretanto a demanda era crescente e o número de técnicos realmente qualificados era limitado, permitindo que sobrassem clientes e que o atendimento às empresas fosse muito rentável.

Logo no primeiro ano de funcionamento da empresa, além dos clientes locais e dos bancos, conseguimos firmar um contrato de parceria com um provedor originário de Porto Alegre e que estava abrindo filial em Curitiba, a NutecNet, empresa que posteriormente passou a se chamar ZAZ e por fim transformou-se no portal de notícias conhecido como TERRA. Na época em que este provedor chegou a Curitiba, estabelecemos uma sólida parceria, a qual permitiu alavancar ainda mais rapidamente a empresa.

Desta forma, a empresa RM Informática cresceu e logo mudou de uma sala de trinta metros quadrados para uma casa localizada em uma região nobre da cidade, com mais de duzentos metros quadrados. A demanda era contínua e o crescimento parecia certo. A cada dia mais clientes e mais dinheiro entrando em caixa. Aos vinte e um anos de idade experimentei o meu primeiro sucesso profissional, ganhando dinheiro de verdade. A empresa parecia estar no caminho certo, até que acomodado e inexperiente, não observei as mudanças que estavam acontecendo.

Logo surgiu a conexão a cabo e o ADSL, tornando parte dos serviços da empresa obsoletos. As empresas de telefonia também passaram a oferecer conexão a cabo e, além disso, a concorrência começou a aparecer com mais força, surgindo a cada dia novas empresas que prestavam serviços parecidos com os nossos. Para piorar, não guardei e nem investi nenhum dinheiro ganho na fase boa, tendo gasto tudo desenfreadamente em festas, carros novos, roupas, jantares, e com a vida que passei a desfrutar, não me preparando para um momento de dificuldade.

Pouco tempo depois a empresa entrou literalmente em colapso e aos vinte e três anos de idade tive meu primeiro fracasso marcante, sendo obrigado a fechar as portas.

Transformei em oportunidade aquilo que para muitos seria uma tragédia. quebrar, colapsar, falir! Tenho dito isso em palestras, eventos e reafirmo a cada dia. Foi o momento de confrontar-me e aprender algumas das lições mais importantes da minha vida.

Essa falência foi determinante para acabar com a minha arrogância e me fazer descobrir o quanto eu ainda precisava aprender sobre o mundo e principalmente sobre mim mesmo. Com certeza essa foi uma das lições que serviu de aprendizado e estímulo, para que eu quisesse estudar mais, ler mais, escutar mais e compreender o funcionamento da mente e do mundo dos negócios. A partir desse momento passei a reconhecer minhas falhas e buscar informações sobre tudo aquilo que estivesse relacionado com o funcionamento da mente, empreendedorismo e educação financeira.

Com a falência da empresa e em busca de novas experiências, acabei indo morar nos Estados Unidos, onde tive a oportunidade de trabalhar na UPS - United Parcel Service (na época a maior empresa de entregas do mundo), adquirindo novas habilidades e nutrindo ainda mais a vontade de novamente empreender.

Retornando ao Brasil, passei por um processo de seleção e fui contratado pela Esso Brasileira de Petróleo, então uma subsidiária controlada pelo Grupo ExxonMobil, que na época centralizava todas as atividades de controle das suas operações do Cone Sul no Brasil.

Estando ciente da necessidade de possuir diversas fontes de renda ao invés de ficar dependente de apenas uma, neste meio tempo também prestei consultorias na área de TI e me tornei sócio de uma casa noturna em Curitiba chamada Bangaloo Bar.

Antes dos trinta anos de idade eu já tinha experimentado o sucesso e o fracasso em meus próprios empreendimentos; também havia passado por duas das maiores multinacionais do planeta (a ExxonMobil e a UPS); já tinha morado em outros países (Estados Unidos, Chile, Argentina); e também já tinha ocupado cargos públicos relevantes como o de Secretário Municipal de Planejamento e Desenvolvimento Econômico de São José dos Pinhais, uma das cidades brasileiras mais importantes do Estado do Paraná.

Paralelamente a tudo que fazia, tornei-me empreendedor digital a partir de 2006, me especializando em desenvolvimento de negócios digitais, com a experiência de diversos cases de sucesso entre sites, blogs, e-commerce, produção e monetização de conteúdo.

Produzindo conteúdo e estando afiliado como editor do Adsense a mais de dez anos, posso dizer que quando iniciei o trabalho de construção dos blogs e sites para monetização, muitos amigos e conhecidos diziam que isso não funcionava, que nunca daria certo, que o Google remunera pouco e que eu estaria perdendo tempo. Hoje, quando recebo cartas de aviso do banco, dizendo que uma ordem de pagamento foi recebida do exterior, vejo que a minha persistência e o tempo mostraram como é possível vender conhecimento.

Foram anos de publicação de conteúdo em horas vagas. Vinte minutinhos em uma noite durante a semana; duas horinhas em um sábado; trinta minutos em um domingo; uma hora em um feriado; e assim foi. Hoje, o conteúdo variado que já foi publicado, continua atraindo leitores todos os dias, gerando renda passiva mensalmente, mesmo que eu não publique mais nada.

Aliás, eu realmente tenho publicado muito pouco ultimamente, quem sabe dois ou três artigos no mês, mas a renda se mantém.

Alguns amigos que na época riam, hoje se arrependem de não ter feito o mesmo, principalmente quando eu mostro a correspondência proveniente do Google, recebida mensalmente. Muitos quase choram de raiva e se perguntam por que também não entraram nessa; por que não produziram conteúdo nas horas vagas ao longo dos últimos anos. Você não ficaria realizado em receber uma correspondência do banco, avisando que chegou uma ordem de pagamento proveniente do Google?

A maioria das pessoas tem o hábito de deixar as coisas para amanhã e depois acabam simplesmente não fazendo. Observe este livro, por exemplo, não importa se o conteúdo ainda não está perfeito, porém importa que esteja escrito, sendo algo realizado. Empreender é realizar! Quantas pessoas você conhece que possuem um grande conhecimento, mas não o utilizam e nem o compartilham? Eu conheço várias.

A vida é cheia de surpresas, sendo fácil observar como as pessoas que tem vontade de aprender e realizar muitas vezes prosperam em negócios que surgem por acaso. Estas pessoas hoje são os denominados empreendedores, anteriormente chamados de realizadores.

Observe o caso da minha loja online de suplementos chamada Suplemento Store (*www.suplementostore.com.br*), que se tornou mais um dos meus empreendimentos de sucesso no mundo digital. Tudo começou por acaso, em virtude de um problema de saúde, quando em um final de semana de 2007, senti uma forte cólica renal e acabei parando no hospital, tomando soro, antiespasmódicos, anti-inflamatórios e realizando alguns exames. Após a realização de uma ecografia, o resultado mostrou claramente um cálculo renal de aproximadamente oito milímetros no rim direito.

Segundo a explicação do médico, o nosso canal urinário possui aproximadamente dois milímetros, então obviamente que uma pedra de oito milímetros não poderia ser expelida de forma natural, sendo necessário, segundo ele, passar por sessões de litotripsia (procedimento não invasivo, onde ondas de choque são geradas a partir de uma fonte externa de energia e propagadas no interior do corpo do paciente até a fragmentação da pedra).

Ao pesquisar mais sobre tal procedimento na internet, me preocupei ao encontrar matérias científicas publicadas já em 2006 no *Journal of Urology*, alertando sobre a descontinuidade do uso deste procedimento em países da América do Norte e da Europa, devido a riscos quanto ao desenvolvimento de diabetes mellitus (16.8%) e hipertensão arterial (36.4%), o que se deveria, segundo os estudos, ao efeito mecânico direto das ondas de choque de fragmentação sobre o rim e o pâncreas.

Indeciso quanto ao que deveria fazer e sem encontrar outra solução para o problema, me sentia receoso e com medo de uma nova crise renal. Apesar do possível risco de desenvolver diabetes ou hipertensão caso realizasse a tal litotripsia, já estava quase decidido a realizar esta intervenção indicada pelo médico.

Durante essa mesma época, eu ainda morava em um prédio e ao retornar do trabalho encontrei um vizinho no elevador que me perguntou:

- O que aconteceu Rafael? Você parece meio triste e abatido! Tudo bem?

Foi nesse momento que contei a ele sobre as dores que vinha sentindo, explicando como foi o episódio da cólica renal e que precisaria passar por um procedimento, para quebrar o cálculo de oito milímetros, alojado em meu rim direito.

Imediatamente, solidarizando-se então com o meu problema, este vizinho me contou ser proprietário de uma fábrica de suplementos, explicando que produzia há anos um produto conhecido por sua ação *"solubilizante"* no organismo e que esse suplemento talvez pudesse me ajudar. Explicou que, apesar de não produzir medicamentos, muitos dos seus clientes vinham relatando efeitos positivos no tratamento de cálculos renais, ao utilizar o suplemento produzido e comercializado por seu laboratório.

Antes de descer do elevador, este vizinho disse que iria me presentear com uma amostra do seu produto, mas repetiu diversas vezes que o mesmo não se tratava de um medicamento e que apesar dos muitos relatos positivos quanto ao seu uso para eliminar pedra nos rins, talvez não funcionasse no meu caso. Explicou-me que este suplemento era uma combinação de fosfatos específicos e que conforme os trabalhos científicos já realizados no exterior, a respeito destes compostos, os mesmos ativariam processos bioquímicos capazes de devolver a solubilidade aos minerais precipitados no organismo. Ainda segundo sua explicação, pesquisas teriam demonstrado que os fosfatos presentes no suplemento reverteriam a polaridade da carga dos cristais de oxalato de cálcio (um dos componentes químicos do qual é feita a maioria das pedras renais), impedindo assim que estes cristais se mantivessem unidos ou que se aglomerassem para formar novos cálculos. Comentou que o suplemento era bastante indicado por terapeutas e nutricionistas, devido aos fosfatos melhorarem a disposição física e mental, mas que nos últimos anos havia se popularizado devido aos inúmeros relatos sobre a sua eficácia no tratamento de cálculos renais. Para finalizar, disse-me que apesar dos inúmeros relatos positivos, já havia recebido também alguns poucos relatos de pessoas que utilizaram o composto, mas não obtiveram sucesso, ou seja, o cálculo permaneceu no organismo.

Para minha grata surpresa, poucas horas após nossa conversa, ocorrida no elevador, o vizinho bateu na porta do meu apartamento e me presenteou com quatro frascos do referido produto, alertando-me mais uma vez de que se tratava de um suplemento, e que apesar de não possuir contraindicações e não causar nenhum efeito colateral, poderia não resolver o meu problema relacionado aos cálculos renais.

Levando em conta o meu desespero, bem como a crença de que caso não funcionasse o tal produto tampouco me faria mal, além obviamente do medo de passar por uma nova crise renal, iniciei imediatamente o uso do suplemento, ingerindo as quatro cápsulas conforme a recomendação de ingestão diária impressa na embalagem. Ao longo de quase cento e vinte dias, ou seja, quase quatro meses, consumi diariamente o produto pela manhã, em jejum, juntamente com um copo de água, tendo a felicidade de não sentir mais nenhuma cólica e nenhuma dor durante todo esse período.

Terminados os quatro frascos que havia ganho, resolvi marcar uma nova ecografia e para minha surpresa, o cálculo renal de oito milímetros simplesmente não existia mais. Tinha desaparecido! Sendo fato que o médico avaliou o exame e confirmou não existir mais nenhuma pedra em meu organismo.

Procurei o vizinho para agradecer e dei os parabéns pela qualidade do produto. Ele sorriu e disse ter ficado muito feliz em poder ajudar, mas que passava por alguns problemas comerciais em sua empresa e suas vendas estavam muito fracas. Aproveitou também a conversa, para dizer que devido a minha experiência positiva com o suplemento, gostaria que eu o ajudasse no setor de vendas da sua empresa. Segundo ele, já que o uso havia dado certo no meu caso e eu havia gostado tanto do produto, poderia me tornar um vendedor, ou ir trabalhar com ele na parte comercial do laboratório. Rapidamente recusei a proposta e expliquei que acreditava não levar jeito para vendas, dizendo logo que essa não era minha área e que eu não teria interesse. Importante esclarecer aqui, que nesta época eu tinha um enorme preconceito quanto a trabalhar com vendas, e ainda não havia descoberto que todos nós somos vendedores, conforme explicarei e comprovarei mais adiante.

Curiosamente, no dia seguinte ele enviou-me uma caixa com mais doze frascos do suplemento e ligou dizendo que eu deveria experimentar vende-los. Deixei a caixa em um canto do apartamento e não dei muita atenção. Quando chegou o final da semana, lembrei-me da caixa e dos produtos e pensei:

"Bom, estou aqui sem fazer nada, então acho que posso montar um site de vendas, uma lojinha virtual, e colocar isso para vender, só para ver o que acontece".

Alguns dias se passaram e nada, até que semanas depois recebi um e-mail, confirmando o que seria a primeira venda. Mais alguns dias depois e uma nova venda; dali a pouco mais duas vendas; depois quatro vendas; cinco; seis; e assim foi, até chegar a diversas unidades por dia. Durante este período eu trabalhava o dia todo fora, em um emprego, e chegando em casa a noite, processava os pedidos, embalava e deixava tudo pronto para que alguém levasse ao correio no dia seguinte. Não demorou muito para que eu tivesse que mudar para uma sala comercial, contratar funcionários e perceber a necessidade de um contrato de coleta com os correios. Em pouco tempo, meu e-commerce tornou-se o maior canal de vendas do laboratório daquele vizinho, que havia me presenteado com alguns frascos do seu produto.

Inevitavelmente, acabamos estreitando a parceria e o relacionamento comercial, acrescentando novos produtos à loja, contratando funcionários e profissionalizando a empresa. Hoje a Suplemento Store (*www.suplementostore.com.br*) é uma história de sucesso, uma empresa com mais de dez anos de existência, que comercializa suplementos diferenciados e que atende muitas pessoas diariamente. Posso afirmar que, durante alguns anos, essa foi minha principal fonte de renda, possibilitando, inclusive, financiar diversos outros investimentos e projetos nas áreas: financeira, de construção civil e de marketing digital.

Isso mostra que oportunidades surgem quando você menos espera, e que é preciso estar preparado para aproveitá-las, colocando em prática suas ideias e habilidades.

A verdade é que sempre procurei estar envolvido com diversas atividades ao mesmo tempo, e sempre acreditei que as pessoas deveriam se desenvolver em diversas áreas de conhecimento, para explorar ao máximo o seu potencial. Os seres humanos não deveriam mais se limitar a uma única área específica, sabendo que seu potencial vai muito além disso. Não pretendo, de forma alguma, subestimar a importância da especialização, mas como seres integrais, quanto mais conhecimento variado, ou seja, maior o seu repertório, consequentemente maior será a quantidade de oportunidades que uma pessoa poderá identificar. Criatividade e inovação dependem diretamente de repertórios variados. Também é muito importante aprender formas de comercializar o seu conhecimento, para maximizar suas receitas. Mas eu diria que o mais importante, sem dúvida, é identificar e aperfeiçoar seus dons e seus talentos para usá-los em benefício da sociedade. É quase impossível você não ganhar muito dinheiro, se souber utilizar e comercializar de maneira adequada suas principais habilidades. Saiba que todas as pessoas possuem algum talento, e que para enriquecer, basta identificá-lo, aperfeiçoá-lo e descobrir a melhor forma de rentabilizá-lo.

Buscando conhecimento, aprendendo a interagir melhor com outras pessoas, mantendo um bom *network* e movendo-se para colocar em ação as suas ideias, você estará aplicando o empreendedorismo que tem a verdadeira força para mudar o mundo, sendo este um dos principais motivos pelo qual adoro compartilhar meu conhecimento com pessoas interessadas em aprender e empreender.

Quando me perguntam com o que trabalho ou com o que já trabalhei, normalmente sorrio e digo: *Melhor dizer com o que ainda não trabalhei!* Afinal, já fiz tanta coisa que até perdi as contas, desde atividades mais comuns até as mais complexas. Estagiário, auxiliar administrativo, técnico em informática, entregador de pizza, professor, dono de casa noturna, programador, analista de logística, editor de conteúdo, construtor, servidor público, analista de projetos, trader, vendedor, palestrante, e por aí vai.

Sendo um apaixonado por ajudar pessoas, além das diversas atividades desenvolvidas nas horas vagas, entre 2013 e 2020 tive o privilégio de exercer a função pública de Secretário Municipal de Planejamento e Desenvolvimento Econômico de uma das cidades mais importantes do Estado do Paraná. Acredito que as pessoas bem intencionadas deveriam contribuir, se envolvendo com a vida pública, para ajudar a melhorar a vida de todos, utilizando o seu conhecimento em benefício do coletivo e do bem comum. Desta forma, logo que iniciei minhas atividades no setor público, também procurei aperfeiçoar meu conhecimento nesta área, para aumentar minha contribuição, obtendo uma graduação superior em Gestão Pública.

O mundo e o conhecimento sempre estão em evolução. Para que consigamos evoluir junto com o mundo é preciso investir em estudos. Além disso, estudar proporciona ganhar habilidades para enfrentar novos desafios.

Sempre busquei novos desafios e acredito que ao ler conteúdos diferentes, trabalhar em outras áreas, viajar, vivenciar e experimentar coisas novas, estamos ampliando nosso repertório, e isso nos possibilita ter mais criatividade e estarmos aptos a inovar. Por este motivo, mesmo estando realizado profissionalmente, financeiramente e emocionalmente, continuo com a cabeça cheia de sonhos e projetos. No início de 2017, resolvi escrever este livro e criar conteúdos, para levar conhecimento às pessoas através das redes sociais e de canais no Youtube.

Hoje tenho milhares de seguidores nas redes sociais através de páginas segmentadas. Estes seguidores estão distribuídos nas fanpages: Rafael Rueda Muhlmann, Empreendedor Melhor, Seja Brilhante e Escola de Prosperidade. Compartilho nestes canais a experiência que adquiri ao longo dos anos vivenciando fracassos e sucessos, os quais me permitiram aprender aquilo que pode dar certo e aquilo que provavelmente dará errado. As minhas postagens nas redes sociais e os vídeos no Youtube foram uma forma encontrada de compartilhar um pouco desse conhecimento com as pessoas que tem a vontade de aprender e realizar. Sinto o desejo de impactar positivamente o maior número de pessoas possível, incentivando, levando conhecimento, estimulando e fomentando a autocompreensão, a expansão da consciência, a busca pela prosperidade integral e o empreendedorismo.

Até aqui, contei apenas alguns poucos momentos da minha trajetória profissional, mas conforme possivelmente você tenha percebido, tive diversos negócios, até encontrar alguns que dessem certo, e assim reconheço que a minha vida foi muito mais de erros do que de acertos. Por isso, afirmo que a fórmula para se chegar ao sucesso inclui errar, aprender com seus erros da forma mais rápida possível e continuar tentando e errando quantas vezes forem necessárias, até alcançar o seu objetivo.

Note que falhar é essencial, fazendo parte do processo de evolução, mas em geral somos contrários a esta ideia, porque aprendemos nas escolas a preencher respostas corretas, normalmente estereotipadas e muitas vezes apenas decorando informações. Aprendemos que errar é algo ruim e assim nos limitamos apenas a realizar aquilo que sabemos, para não cometer falhas. Nas escolas somos treinados para não errar e evitar o risco, deixando de lado a criatividade, em prol da segurança e da assertividade. Esse é o principal motivo pelo qual a maioria das pessoas não compreende como os erros podem fazer parte de uma trajetória para o sucesso.

Em lugares como o Vale do Silício, nos EUA, a cultura local ensina que devemos compreender e apreciar aqueles que falham, enquanto que em países como o Brasil, a cultura imperativa é a de que não se pode errar, gerando medo, insegurança e fazendo com que as pessoas fiquem tentando maquiar ou esconder seus erros, com vergonha de dizer que falharam.

Como disse a bilionária considerada uma das 100 pessoas mais influentes do mundo, a empreendedora Sara Blakely: *"Falhar não é o resultado. Falhar é não tentar. Não tenha medo de falhar. Eu sinto que o fracasso é a maneira como a vida pode te cutucar e mostrar que você está fora do curso correto."*

A motivação para escrever este livro é o fato de que me sinto cada vez mais interessado a inspirar as pessoas, ajudando as mesmas a modificar sua existência. Minha vontade é mostrar caminhos, para que as pessoas possam melhorar suas vidas.

Acredito que o universo nos avalia diariamente, e quanto mais determinação uma pessoa tenha, mais méritos conseguirá acumular para conquistar seus objetivos.

Saiba que a vontade e a paixão que você imprime diariamente em seu trabalho é o que se tornará um terreno fértil, para em algum momento, você colher bons frutos e ter bons resultados. Em cada momento da vida, o universo tira uma foto, onde ficam registradas as condições exatas em que você se encontra, dependendo unicamente de você fazer com que essa foto fique como desejaria vê-la. Isso aconteceu comigo: transformei situações adversas, que aconteceram em minha vida, no que hoje é o meu maior motivo de existir. A minha maior dificuldade em prosperar foi a falta de conhecimento, mas agora que aprendi lições fundamentais e me encontro realizado, dedico grande parte do meu tempo a ensinar, inspirar e investir nas pessoas, para que elas sejam mais felizes. O meu propósito hoje é transmitir conhecimento para o maior número de pessoas possível. E como os leitores poderão perceber, quanto menos egoísta e individual seja o nosso objetivo de vida, mais o universo nos proporcionará prosperidade e consequentemente dinheiro. Tenhamos claro, desde o início, que o dinheiro em si não é o propósito, mas sim um dos resultados desejáveis de um propósito fortemente arraigado em nosso ser.

O segredo é ser para chegar a ter; não ter para chegar a ser. Aumente sua riqueza interior e aumentará sua riqueza exterior.

Quando invista recursos, tomara que sejam destinados a um negócio onde você utilize aquilo para o qual veio a este mundo, que seja ligado ao seu objetivo de vida. Que o propósito dos seus investimentos estejam relacionados com o que você faz de melhor, com seus dons e talentos, o que poderá lhe trazer satisfação pessoal e dinheiro.

Todo ser humano tem defeitos, mas é importante saber que todos possuem também habilidades e destrezas, muitas vezes escondidas, que não se acreditava ser possível desenvolver, mas que acabam aflorando e sendo descobertas em momentos de dificuldade. A maior parte das pessoas não conhece seus dons e habilidades, subestimando esse capital latente que carrega consigo.

Dons e talentos todos possuem, sem exceção, mas uma das principais coisas que diferencia as pessoas que alcançam o sucesso é que elas identificam seu potencial e aprendem a transformá-lo em algo rentável. Aprender a identificar suas habilidades e a explorá-las de forma rentável, para ter prosperidade, também faz parte da educação financeira, como você compreenderá no decorrer deste livro. Monetizar é oferecer ao mundo alguma coisa como serviço, produto ou informação, em troca de dinheiro.

Eu mencionei um dos fatores que foi determinante em minha carreira, que me levou a mudar minha vida e marcou um rito para descobrir e potencializar meus talentos: falir aos vinte e três anos de idade. Essa situação me levou por um caminho que poucos anos mais tarde, me permitiu ganhar muito mais dinheiro do que eu sequer havia imaginado, sendo um trajeto evolutivo que eu desejaria para cada um dos leitores deste livro. A foto que o universo fez de mim aos vinte e três anos, era de uma pessoa diante de um novo e inesperado obstáculo, mas dotado pela natureza de coragem para mudar a situação por completo e colocá-la a meu favor.

Cheguei a comprovar que a realidade de uma pessoa se baseia naquilo que ela acredita que é possível, e nada mudará até que a realidade mental dela mude; e isso só se converte em realidade quando somos capazes de vencer nossos medos, nossos defeitos e a nós mesmos. Por isso, nos momentos de maior dificuldade, temos a oportunidade de transformar nossas vidas, sendo obrigados a refletir profundamente sobre nossos próprios talentos e aspirações, para converter a adversidade em um terreno fértil, onde podemos plantar as sementes do nosso próprio destino, transformando a crise em oportunidade. Mas para isso, os questionamentos a serem enfrentados não são nada fáceis e nem triviais:

- Para que viemos ao mundo?

R. ____

- O que eu faço de melhor?

R. ____

- Quais meus talentos, dons e habilidades?

R. ____

- Quais problemas dos seres humanos sou capaz de resolver?

R. ____

- Como aplicar meu conhecimento para ajudar pessoas e gerar riqueza?

R. ____

No meu caso, as respostas foram difíceis de serem encontradas, mas olhando a minha caminhada hoje, me dou conta que a razão da minha vida é ensinar e inspirar, contando com talentos que me ajudam a fazer isso bem, tais como a capacidade de expressar-me em público, estudar e transmitir o conhecimento adquirido, de forma simples e didática. O universo me mostrou que aquela primeira fotografia, de quando anos atrás meu primeiro empreendimento quebrou, começava a mudar, enquanto outros caminhos se abriam, para que eu pudesse continuar empreendendo e assim as próximas fotos fossem radicalmente diferentes.

Desta forma, passei a descobrir meus talentos e habilidades para aprender a valorizá-los e utilizá-los, mas ao mesmo tempo em que desenvolvia meus talentos, vi aflorar um defeito que poderia arruinar o futuro que eu começava a construir. O êxito no campo profissional estava me levando a converter-me em uma pessoa soberba, prepotente, arrogante, dono da verdade, tanto que em alguns dias eu mesmo já não me suportava. Faltava-me a inteligência emocional e a espiritualidade, por isso, precisei rever minhas atitudes, me policiar, me reeducar, reconhecer minhas falhas e me tornar mais humilde.

Considero importante e necessário ter autoconfiança para se atingir objetivos, mas devemos cuidar para manter a humildade, pois quando se vê o êxito como certo, o ser humano pode passar a acreditar em uma inconsequente superioridade e que suas capacidades podem substituir outras coisas tão importantes na vida, como tratar melhor e ajudar as outras pessoas.

A partir do momento em que eu passei a gerar, com meus negócios e investimentos, muito mais renda do que sequer havia imaginado, cresceu em mim um ar de arrogância e superioridade, que eu precisava combater e aprender a eliminar, se quisesse continuar progredindo e não perder tudo novamente. Conforme já expliquei em parágrafos anteriores, muito provavelmente você ainda não se deu conta, mas a forma como você se comporta, abraça, conversa, é amável, generoso, liga para alguém que talvez não espere, pensa positivo, estuda, entre outras ações, tem relação direta com a prosperidade e o dinheiro que recebe.

Tudo aquilo que você faz e que gera energia positiva, atrai mais dessa mesma energia para você. Mas o mesmo acontece com a energia negativa. Assim como um imã, pessoas e atitudes negativas, sempre vão atrair coisas negativas. Assim é como funciona o fluxo de energia no mundo.

Então, aconteceu uma situação em minha vida que me mostrou como uma revelação, que eu jamais seria verdadeiramente rico e próspero se não mudasse minha maneira de ser e a forma com que me relacionava com os demais. Ocorreu assim que liguei para um *call center*, quando diante da demora no tempo de resposta e atenção, descarreguei todo o meu descontentamento contra a pessoa que estava do outro lado da linha para atender a ligação. Não era a primeira vez. Ao desligar, sentindo uma raiva profunda, vivi uma experiência surreal de confrontação comigo mesmo. Senti um tremendo remorso por ter tratado outro ser humano daquela forma, e imaginei frente a mim uma pessoa que me perguntava quem eu achava que era, para acreditar ter o direito de tratar os outros assim, passando a me sentir envergonhado com aquele tipo de atitude.

Lembre-se: Sou alguém convencido de que o ser humano pode ser quem ele quiser e sempre pode ser uma melhor versão de si mesmo.

Nem sempre esse é um processo que ocorre da noite para o dia. Mas o primeiro passo é determinar que deve haver uma mudança, e que no meu caso deveria ser profunda e radical. Precisava ser um verdadeiro salto quântico, que não me levaria do ponto onde estava para o próximo nível, mas sim muito mais adiante e muito acima das expectativas.

Foi assim que tomei a decisão de dar este salto, demonstrando a mim mesmo e a quem me rodeava que podia me transformar em um ser humano melhor. Decidi passar a colocar-me no lugar das outras pessoas.

Mediante muita leitura, experiências de Programação Neurolinguistica, coaching, cursos, meditação, exercícios de crescimento pessoal e ajuste da minha mentalidade (*mindset)*, passei a corrigir muitos comportamentos que distorciam minha realidade e bloqueavam meu caminho para uma vida muito mais próspera e realizada.

Sei que sempre haverão coisas novas a se aprender e comportamentos a se corrigir para que possamos continuar uma caminhada evolutiva; portanto, nunca devemos deixar de lado a determinação e a convicção de mudar rapidamente, quando identificadas as necessidades. Posso dizer por experiência, que as transformações podem ser muito mais rápidas do que as pessoas estão acostumadas a acreditar, sendo perfeitamente viável ser uma pessoa na segunda e outra pessoa completamente diferente na sexta.

O progresso é impossível sem mudança; e aqueles que não conseguem mudar as suas mentes, não conseguem mudar nada.

Nada mudará até que modifiquemos nossa própria realidade. Minha sugestão é que todos os dias você faça algo a mais do que sua rotina e experimente coisas diferentes. Conheça novas pessoas, experimente novas comidas, leia, realize novas atividades, viaje, estude, aceite novos desafios, medite, inove, ou seja, saia da sua zona de conforto para manter um processo contínuo de crescimento e evolução.

O universo vai tirar uma foto de cada momento, registrando seus méritos e a determinação com que forje o seu caráter. Isso se somará e confirmará que não é coincidência que as pessoas que crescem como seres humanos, aumentam suas receitas em proporções que sequer imaginavam ser possíveis.

E se chegar à sua vida este ponto de prosperidade e abundância, o qual desejo a você que está lendo este livro, e sei que alcançará, se realmente estiver disposto a evoluir como ser humano, não se deixe enganar por aqueles que se apegam a ditados populares dizendo que você recebeu seus "quinze minutos de fama ou fortuna" e que deve aproveitar. A verdade é que estando preparado, ao conquistar abundância e riqueza, você atrairá ainda mais prosperidade e sucesso se estiver influenciado por um objetivo de vida sólido.

Então, inicie mudando seus hábitos e a sua mentalidade, para enxergar uma nova realidade. A abundância chegará a sua vida assim que ela já esteja mentalmente em sua cabeça. Isso tem uma íntima relação com outro aspecto fundamental daquilo que também tive que me conscientizar para alcançar a prosperidade: a linguagem.

A abundância será possível em sua vida somente quando as palavras que você usa em seu dia a dia mudem. Não apenas as palavras com que você se comunica com os outros, mas também aquelas que você diz a si mesmo, verbalmente ou mentalmente. Isso significa que muitas palavras deveriam desaparecer do seu vocabulário cotidiano e, principalmente, da forma como você fala para si mesmo, mentalmente e diante aos demais sobre seus propósitos, projetos, metas e desejos.

As palavras não são levadas pelo vento; elas realmente definem sua realidade. Fique atento ao que diz e ao que te dizem!

No primeiro capítulo do livro comentei sobre a importância da Programação Neurolinguística, como uma ferramenta essencial para identificar os conjuntos de modelos e padrões que influenciam nossa mente, nosso corpo e nosso comportamento. Expliquei que através da PNL você assume completamente a responsabilidade da sua vida, parando de ser refém de si mesmo e da sua história, passando a conhecer e compreender as suas limitações. Mas aqui volto a falar deste processo educacional, o qual também recomendo para você compreender o grande poder que tem as palavras na atração de riqueza e abundância. A todas as pessoas que já assistiram alguma das minhas palestras, aos meus amigos, aos meus clientes e aos leitores, recomendo que pelo menos uma vez vivam a experiência de participar de algum seminário ou curso de

Programação Neurolinguística. Na atualidade, existe uma ampla oferta de treinamentos de PNL disponíveis, para que você possa fazer, e desde 2017 encontra-se disponível no canal Seja Brilhante, no Youtube, um curso de PNL online completamente gratuito. Através da Programação Neurolinguística é possível desenvolver um uso assertivo e constante de palavras, que no dia a dia utilizamos para enunciar nossos desejos e decretar o cumprimento das nossas aspirações. Ninguém pode fazer isso por nós; isso é indelegável, sendo ainda impostergável decretar qual o nosso objetivo de vida, derrotando o conformismo e gerando uma realidade próspera, para nós mesmos e para o nosso entorno. Assim você verá que é possível inclusive controlar sua mente para realizar proezas inimagináveis, sempre que afirmá-las a si mesmo e estiver proposto a realizá-las, acreditando que é possível, tal como muitos feitos que pareciam impossíveis, mas que foram realizados em alguma ocasião.

E neste ponto, nós devemos nos perguntar: se todos os seres humanos tem vontade, possibilidade de mudar e maneiras de usar de forma mais assertiva e contundente as palavras, porque todas as pessoas não são bem sucedidas, saudáveis, ricas e realizadas, se a grande maioria deseja ser? Na verdade existem vários fatores que devem ser analisados e muitas coisas que podem explicar isso, mas os principais motivos sem dúvida são a falta de fé e o comodismo. Observe que existem milhares de pessoas, que não acreditam em si próprias, e milhares de outras que tendo tempo e saúde para criar riqueza, não o fazem, em virtude de que se acostumaram a repetir sempre a mesma rotina, ou pior, se acostumaram a receber ajuda do governo, da família, ou de alguém que ofereça essa ajuda. Passam suas vidas dentro de uma zona de conforto, se queixando, se lamentando, chorando, reclamando mais ajuda e benefícios sociais, e jamais desenvolvendo tudo aquilo que tem dentro de si, o potencial infinito que possuem.

Somente a alta pressão transforma o carvão em diamante! É triste perceber, que por medo da pressão, a maioria das pessoas morra como carvão, sem transformar-se em uma pessoa brilhante.

Uma grande urgência ou dificuldade pode ser a chave para tirar alguém da zona de conforto. Sair da zona de conforto e criar desafios é o caminho para encontrar quais são, genuinamente, suas motivações, e quem sabe descobrir para que você veio a este mundo.

Observe que 10% das pessoas detêm 90% da riqueza no mundo; portanto, se você deseja estar dentro dessa minoria, precisa sair da sua zona de conforto e se submeter a situações que ajudem na identificação e desenvolvimento dos seus talentos. Meu convite é para que todos os dias você crie novos desafios para si mesmo, sempre buscando metas mais ambiciosas. Saia da sua casa, se isso permitir você exigir-se mais; abra um novo negócio, viaje sem dinheiro nos bolsos, renuncie ao seu emprego se não está satisfeito com ele, mude de cidade, sei lá! Mas faça um favor a você mesmo, saia da sua zona de conforto e coloque-se em uma situação difícil, onde você seja obrigado a se superar, inovar, mudar, fazendo aflorar sua genialidade para descobrir seus dons, talentos e quem sabe passando assim a voar, ao invés de caminhar como a grande maioria.

Passando por dificuldades reais, colocando à prova sua capacidade e descobrindo seus dons e talentos, você passará a motivar-se pelo seu objetivo de vida, o que deverá gerar hábitos financeiros, que irão marcar o futuro do seu patrimônio. Obviamente que o seu objetivo de vida não deve ser banal, mas sim o motivo pelo qual você existe e veio ao mundo. É nesse momento que você deverá descobrir o que faz de melhor, quais as suas habilidades, que problemas dos seres humanos você é capaz de resolver e como deve aplicar seu conhecimento para ajudar pessoas e gerar prosperidade em todas as áreas da sua vida.

Para progredir de verdade e dar um salto quântico, você deverá transmitir paixão sempre que fale do seu objetivo de vida para as outras pessoas, e sempre que repita esse objetivo para si mesmo. Sem possuir determinação de encontrar sua razão de ser neste mundo, você nunca conseguirá gerar riqueza de forma sustentável para si mesmo e para os outros. Perceba que sem motivação e nem dificuldades, que o tirem da zona de conforto, obrigando você a buscar e gerar novas fontes de renda, dificilmente conquistará a liberdade financeira. E sem hábitos positivos aliados à educação financeira, também será impossível alcançar seus sonhos e objetivos materiais, pois não desenvolverá as habilidades necessárias, continuando a investir no mesmo de sempre.

Uma das principais razões para a maioria das pessoas serem pobres, sem dúvida é a péssima forma com que utilizam o seu tempo, sendo possível observar, que uma das maiores causas da pobreza é a soma de horas mal utilizadas. Portanto, quando temos hábitos ruins e que não contribuem com aquilo que buscamos, sem dúvida estamos fazendo um mau uso do nosso tempo e nos afastando dos nossos objetivos.

Finalizo este capítulo com uma proposição prática, para que você saia da zona de conforto e mostre ao seu subconsciente quem manda, percebendo assim como pode ser desafiador tomar o controle da sua vida.

Conforme diversos estudos apontam, sabemos que o banho gelado melhora a circulação, é bom para a pele e o cabelo, acelera o metabolismo e ainda aumenta a imunidade. Mesmo assim, a maioria esmagadora das pessoas possui o hábito de tomar banho com água quente, mesmo no verão. Portanto, a ideia de banho gelado é o tipo de tortura que rejeitam veementemente. Isso acontece, porque mesmo sabendo dos benefícios, o subconsciente não permite que saiam da sua zona de conforto e encarem desafios, afinal, inconscientemente passamos a maior parte do tempo buscando conforto, prazer imediato e satisfação, algo que sem dúvida um banho quente é capaz proporcionar.

Assim, antes de continuar a leitura, eu lhe desafio a encarar um banho gelado, saindo da sua zona de conforto, mostrando ao seu subconsciente quem está no controle e aproveitando os benefícios já mencionados para a sua saúde.

Capítulo 03

VOCÊ É CARVÃO OU DIAMANTE?

De onde surgiu a ideia de ser brilhante? Carvão mineral e diamante são substâncias que possuem a mesma composição, mas com valores de mercado extremamente diferentes. De forma similar, pessoas com as mesmas características físicas podem ter valor completamente distinto para a sociedade. Se você pretende ser uma pessoa brilhante, é importante compreender o significado desta comparação.

O diamante é o elemento mais duro e resistente da natureza, tendo um processo de produção que passa por vários estágios. Nos garimpos, eles são procurados nas rochas, retirados junto às pedras, são levados até o rio mais próximo, para serem lavados, e ali são separados da terra e demais detritos. Nas peneiras dos garimpeiros ficam apenas as pedras chamadas de diamante bruto, as quais possuem peculiaridades e chamam a atenção por serem diferentes das outras pedras, com um brilho inconfundível.

Após a pedra ser lavada e separada, inicia-se o processo de lapidação, que torna seu brilho ainda mais intenso. Nenhum diamante é igual ao outro, e mesmo após estar lapidado, ele será único, exclusivo, seja para fins industriais, como ferramenta de corte, ou para ser utilizado no ramo da joalheria. E um aspecto muito interessante é que todas as ferramentas usadas no corte do diamante são feitas com ele mesmo, ou seja, o diamante é o único elemento capaz de cortar outro diamante.

Apesar da mesma composição, devemos compreender que existem diferenças cruciais na formação do carvão e do diamante.

O carvão mineral é uma rocha sedimentar combustível, de cor preta ou marrom, que ocorre em estratos chamados camadas de carvão. Formado a partir da decomposição de folhas, vegetação e árvores, que passam por mudanças físicas e químicas propícias a essas condições, origina-se o carvão, em um tempo bem inferior ao que se originam diamantes. O carvão pode ser encontrado embaixo da terra, onde as temperaturas se elevam em relativa pressão.

Uma primeira reflexão: Você gostaria de ganhar de presente carvão ou diamante?

Os diamantes são obtidos sob altíssimas pressões, a partir do magma presente no interior da Terra (bem abaixo da crosta). São necessários vários séculos, para que camadas de magma sejam depositadas umas sobre as outras, acarretando em forte pressão. O magma vai sendo comprimido, até se petrificar, e o resultado você já sabe: diamantes belos, duráveis e muito valiosos.

Comparemos nosso desenvolvimento com uma das pedras mais valiosas do mundo: o diamante. Todos nós nascemos e nos desenvolvemos com o passar do tempo. Aprendemos a nos equilibrar, andar, e desenvolvemos nossos sentidos entre outras atribuições que o ser humano tem.

Há no ser humano um potencial infinito, que precisa ser despertado e desenvolvido mediante as pressões da vida, as quais se apresentam como riscos, fracassos, necessidades, desilusões, transformações, perdas, etc..

Observe que para andar, o ser humano precisa correr o risco de cair; para viver com o parceiro amado, ele precisa suportar as diferenças e para cada passo de seu desenvolvimento, precisa lidar e superar alguma pressão.

Você acredita que o ser humano nasceu para ser carvão ou diamante?

Pois bem, o brilho de um ser humano é obtido da mesma maneira que o de um diamante. Nascemos, nos criamos, crescemos, estudamos, nos especializamos, e ao seguirmos o apelo de nossa natureza para o desenvolvimento, nos tornamos mais do que carvão. Naturalmente, o ser humano é levado a ser como o diamante, mas a excelência humana não para nisso. Muitas pessoas tornam-se diamantes, porém, ainda como pedras brutas, havendo necessidade de lapidação, para que tenham brilho.

A lapidação consiste no desenvolvimento de habilidades e competências, nas transformações pessoais, na busca de si mesmo, no propósito de ser melhor do que se é...

Lapidar-se é sair do estado de pedra bruta, e quanto mais o ser humano se lapida, mais ele se torna singular, único e com brilho próprio. Mas, assim como o diamante, que para ser lapidado precisa de outro diamante, também o ser humano, para se lapidar, precisa de outros seres humanos.

Acredite, o seu brilho está dentro de você, mas para lapidar-se e brilhar ainda mais, você precisa do mundo. Tornar-se alguém melhor a cada dia é um processo, que somente terá finalidade se servir para alguma coisa.

Trabalhar o autoconhecimento, desenvolver a autoconsciência, despertar interesses, aperfeiçoar talentos, possibilitar novas idéias, ampliar a visão, criar novas referências positivas, estimular sonhos, valorizar, ouvir, dar significados, acolher, ser exemplo, compreender os outros, deve ser parte de um processo multifacetado, que permite a lapidação humana.

Não existe finalidade mais bela do que auxiliar o outro a encontrar uma chave, para o acesso ao seu potencial infinito, despertando nele o poder para a transformação. E o melhor de tudo, é que quem auxilia o outro, acessa o seu próprio potencial infinito e acessa o seu poder de transformação.

O diamante ao ser lavado, lapidado e polido, torna-se a pedra mais bela e preciosa do mundo. O ser humano, após ter suas potencialidades desenvolvidas e lapidadas, torna-se uma pessoa brilhante. Torna-se um ser de luz! Portanto, é preciso lapidar.

Pessoas são como diamantes brutos, e corremos o risco de perdê-las só porque não tivemos a disposição de olhá-las, para além de suas cascas, e lapidá-las.

Lapidar-se e auxiliar o outro, é encarar as situações cotidianas que se apresentam, como sendo oportunidades de desenvolvimento, seu e do outro, e isto se faz com atitudes e comportamentos.

Suplantando os diamantes, o ser humano pode se lapidar durante toda a sua existência e tornar-se um ser cada dia mais valioso. Lapidar-se pode ser o mesmo que amadurecer, e o caminho do amadurecimento não se desenrola de maneira fácil, sendo assim, é preciso aceitar o tempo e suportar a pressão.

Muitos preferem passar a vida como carvão ou como um diamante bruto. Em geral são pessoas que preferem viver no comodismo de uma prisão construída em si e para si mesmo, deixando de lado o propósito do desenvolvimento.

Aqueles que se tornam brilhantes, são os que encontraram sentido na vida, que encontraram valor no seu desenvolvimento e ainda encontram valor em auxiliar o outro a se desenvolver. É assim que aquele que brilha também ilumina a vida dos demais.

Capítulo 04

A VONTADE E O DESEJO

A vontade só ganha força, quando temos consciência do que queremos conquistar, quando estamos conscientes de nossos objetivos. Sem essa consciência, ela se torna fraca. Só conseguimos transformar o que conhecemos, portanto, saber quem somos e o que queremos deve ser o primeiro ponto a ser desenvolvido em nós, para conseguirmos atingir nossas metas de vida.

Todo processo deve ter início na escolha e na dedicação, para fazer o mesmo funcionar rumo ao objetivo. É preciso acreditar em algo, ter um ideal, olhar para frente e sentir uma vontade mais profunda, dedicada, a ponto que os outros notem, como uma causa. Esse é o verdadeiro desejo, e não uma vontade pequena, incipiente, da boca para fora.

Todos nós temos um querer desse "meio sem jeito", do tipo "se der deu". Mas não é a esse que estamos nos referindo. Podemos fazer uma escolha e permitir que o nosso real interesse, a nossa vontade, vá aumentando, ficando mais forte, mais determinada, mais potente e decidida, tornando-se um desejo. A vontade dos vencedores, de quem sabe o que quer, coerente, que cresce dentro de cada um de nós quando observada e cultivada, é o desejo.

Mesmo no meio de tantas vontades minúsculas, que a vida nos impõe, devemos ter uma causa maior, uma vontade que justifique a nossa vida e o nosso nascimento. É possível começar com um querer pequeno, que chamamos de vontade, e alimentá-lo, para que vá crescendo, aumentando, tornando-se mais significativo, concentrado, uma vontade de guerreiro, que se torna um desejo determinante e poderoso.

Reflita:

- Qual é o seu maior desejo neste momento da vida?

R. ____

- Onde você quer chegar?

R. ____

- Como você pode fazer a diferença no mundo?

R. ____

Quem não faz escolhas, acomoda-se com o que a vida oferece, entra na rotina, torna-se monótono, repetitivo, o que gera desânimo e apatia. Se o desejo de alguma coisa na vida surgir, mas ficar enfraquecido pela dúvida, então deixou de ser desejo, passando a ser uma mera vontade; portanto, avalie se é isso mesmo o que você quer. Faça uma relação de prós e contras, amadureça a ideia, mas concentre-se para tomar a decisão. Considere o que é melhor para você na dimensão de tempo, analisando o agora, a médio e a longo prazo. Mas não fique enrolando, rodeando o assunto, deixando a vida passar. O tempo é um recurso nobre e escasso, que não volta mais. Fazer uma escolha e sustentá-la pode ser uma maneira de cultivar o aumento da vontade, transformando-a definitivamente em desejo.

Realizar atividades simples, como levantar cedo, fazer a higiene pessoal, preparar e tomar o café da manhã, realizar algum exercício, para muitos pode ser a fase mais crítica, pois é o momento de quebrar a inércia. Saiba que pessoas brilhantes também tem preguiça, mas conseguem dominá-la, sendo mais fortes do que ela e combatendo isso o tempo todo. Quando a inércia é quebrada, o que resta é a melhor parte, impulsionando atitudes e ações.

Pare de ficar pensando que qualidade de vida está no ócio e nas festas, no fim de semana ou nos feriados. Além de ser um tempo normalmente curto se comparado com o restante do calendário, esses momentos nem sempre são como esperamos ou projetamos em nossa mente. Algumas vezes, podem ser até muito chatos ou, ainda pior, fontes de problemas, de solidão ou de frustração. Não deixe para ser feliz e se realizar apenas em poucos dias da sua vida, pois o tempo que passa não voltará nunca mais. Escolher uma vida produtiva e intensa poderá torná-lo uma pessoa muito mais realizada.

Saber lidar com as dificuldades, com os sentimentos frustrados, com as expectativas não satisfeitas, pode ser uma parte da qualidade de vida que precisamos aprender a ter, porque a vida apresenta rotinas e extremos de altos e baixos. Assim, poderíamos até mesmo dizer, que qualidade de vida é importante em cada minuto que se gasta na vida. A todo instante podemos fazer por merecer uma vida digna e que valha a pena. A todo instante podemos aprender e nos aperfeiçoar. Sempre temos a oportunidade da escolha e de nos tornarmos pessoas brilhantes!

Capítulo 05

SOMOS O QUE PENSAMOS

Você já parou para refletir que tudo começa com um pensamento? Tudo o que somos surge com nossos pensamentos, e são eles que direcionam a construção do nosso futuro.

Nós somos o que pensamos, sentimos e fazemos. Todas as nossas alegrias começam nos nossos pensamentos sobre a vida, sobre os fatos, sobre nós mesmos e sobre os outros. Assim também acontece com as coisas negativas. Nossas angústias começam em nossos pensamentos, os quais NÓS MESMOS CRIAMOS e pelos quais SOMOS RESPONSÁVEIS. Tudo o que pensamos exerce forte impacto sobre nós.

Tomemos como exemplo um jovem, cheio de vida e alegria. Durante uma esporádica visita ao médico, descobre que está doente. O pensamento, "estou doente", não abandona a sua mente. A partir de então, o jovem começa a se sentir mal, sem vitalidade. O impacto do pensamento negativo faz-se notório. Caso o jovem pensasse que iria melhorar, provavelmente se sentiria melhor.

Muitas doenças começam com um pensamento, tanto doenças físicas quanto psicológicas. Esse pensamento, quando muito repetitivo e perturbador, pode acarretar mal estar físico, dores de cabeça, alergias, infecções, tumores, entre outros sintomas.

A questão é como mudar os pensamentos negativos. Quase sempre é uma tarefa trabalhosa, mas que pode ser realizada com grande êxito, quando aprendemos corretamente como fazer, tendo vontade e esforço. O primeiro passo seria rever a forma como enxergamos as coisas, como as informações são processadas e como reagimos. Manter o cérebro ocupado com pensamentos positivos é algo que pode trazer reflexos imediatos para a sua vida.

O fato é que, verdadeiramente, somos o que pensamos e o que fazemos, apesar de muitas vezes não nos darmos conta disso. Estamos na maior parte do tempo preocupados com coisas pequenas e triviais da vida, coisas que ferem o nosso ego, vaidades bobas, ansiedades desnecessárias, picuinhas e desentendimentos.

Despertar para esses aspectos, nos levará a enxergar casos em que nossos pensamentos limitam nosso futuro, ou ainda os casos em que sofremos por antecipação, e assim vale dizer: quem sofre por antecipação, sofre duas vezes.

Quando estamos em profunda tristeza, por exemplo, à beira de uma depressão, não atinamos em nada que seja diferente ao nosso redor. Nada nos chama a atenção; tudo é cinza, tudo é denso demais e nem desconfiamos, mas chegamos a passar esse clima para todos ao nosso redor.

Seja uma pessoa negativa, achando que nada vai acontecer de bom em sua vida, e fatalmente nada de bom irá acontecer mesmo! Afinal, uma pessoa que não acredita em si mesma, que fica remoendo tristezas, decepções e amarguras, não poderá, de maneira nenhuma, enxergar uma saída, a não ser a de se afundar ainda mais nos problemas que se encontra, atraindo mais dificuldades, sem saber como revertê-las e sem encontrar soluções.

Muitos podem argumentar que é fácil falar quando não se está na pele de quem sofre o problema, ou como dizem: "pimenta nos olhos dos outros é refresco". Pois bem, certamente cada caso é um caso; cada história traz as suas particularidades e dificuldades. Mas sem pensamento positivo, vontade e determinação para mudar aquilo que nos faz mal, mudar as agruras da nossa vida, nada de bom acontece. Somos nós que devemos conduzir nossos pensamentos e acreditar que tudo dará certo, dando o *start* para a nossa felicidade.

É necessário *acreditar* em você, e no que realmente está buscando para a sua vida. Se você for *descrente*, de nada adiantará, apenas perderá seu tempo e continuará sendo vítima de si mesmo.

Deixar de ser negativo e passar a ter somente pensamentos positivos, requer uma certa disciplina e uma boa dose de perseverança. Você precisa ter foco no horizonte da sua vida e perseverar todos os dias.

"Hoje eu estarei ainda melhor do que ontem e será mais um dia abençoado, repleto de muita paz, saúde, amor, prosperidade, proteção e gratidão". Repita essa frase todas as manhãs antes de sair de casa, quantas vezes você achar necessário.

Para pensar positivo é preciso gostar de si mesmo. Pare de dizer que não tem sorte ou que nada de bom lhe acontece. De uma maneira simples e direta, o que pensamos sai da nossa cabeça e é transmitido para o meio externo, interferindo nas coisas à nossa volta.

Já dizia um grande sábio, que somos o que pensamos. Basta que tenhamos autocontrole o suficiente para pensarmos positivamente, nos tornando conscientes de nossos pensamentos, da inquietude e dos movimentos da nossa mente, desejando alcançar os nossos sonhos.

Quando você pensa em algo, está produzindo emoções, que por sua vez, geram vibrações específicas. Essas vibrações vão aproximar

elementos de mesmo padrão; portanto, pensar pode ser o mesmo que pedir. Pela analogia, se você está pensando, está pedindo. Mesmo que você não esteja pensando conscientemente, você estará pedindo!

Começa aqui um grande desafio, o de perceber a necessidade de vigiar seus pensamentos. Pois todos os nossos pensamentos negativos, por correspondência atraem para nossa realidade acontecimentos negativos.

Sabendo disso, ao começarmos a fazer pedidos conscientes do que queremos, nossa força de criação aumenta. Por isso peça o que quiser. Não tenha medo de pedir. Não existe "não pedir". O pensamento de não querer nada, já é uma vibração que atrairá mais do que não funcionou, ou seja, atrairá um elemento de mesma frequência.

Nunca foque em resolver problemas, mas sim em encontrar soluções. A forma como pensamos muda completamente o resultado que iremos obter.

O que é isso? O que faço com isso? Como posso mudar isso? Se sim, como posso mudar isso? Que energia, espaço, consciência e escolha eu posso ser, que me permitiria ter total clareza e facilidade com tudo isso? Fique na pergunta e abra infinitas possibilidades.

Para alcançar seus objetivos e tornar-se uma pessoa brilhante, você precisa aprender a controlar seus pensamentos, de forma que eles o favoreçam e o ajudem a chegar onde deseja.

Tudo na vida vem a mim com facilidade, alegria e glória.

MANTRA DO ACCESS CONSCIOUSNESS

MANDE AO MENOS EM SI MESMO

Muitas pessoas possuem um plano de autoflagelação sem perceber. Elas ficam torcendo do outro lado da rua, querendo ver "o circo pegar fogo". Falam mal de si mesmas, lembram-se de coisas desagradáveis, gostam de falar de cenas tristes, de acidentes, de desgraças e do que não funcionou. Isso é autoflagelação, e pode inclusive desencadear doenças. Esse é o nosso lado "não OK", que está liberto para atuar no aqui e no agora, nos representando sem termos consciência ou, quando temos consciência, nos servindo um pouco, para descarga psicológica e diminuição da pressão interna.

Ter equilíbrio é ter consciência e prestar atenção ao que está acontecendo, passando a escolher intencionalmente o comportamento que se deseja ter. É cultivar bons hábitos, interromper o diálogo interno negativo, reconhecendo que já se fez o suficiente e que é necessário manter o foco em pensamentos bons, mesmo que isso exija uma boa dose de esforço. É levantar e caminhar. É cantar e dançar. É ligar para alguém e contar uma coisa boa. É dar um abraço e fazer um elogio.

Somos vencedores por natureza e basta aprendermos a controlar os nossos pensamentos para conseguirmos mandar ao menos em nós mesmos.

Capítulo 06

O PENSAMENTO E A POBREZA

O dinheiro está diretamente relacionado com as nossas emoções. Se você tem ou não algum dinheiro, suas emoções são diretamente alteradas. Medo, alegria, ganância, generosidade, vingança, inveja, tranquilidade, ambição, satisfação, dentre inúmeras outras emoções, são facilmente alteradas conforme o nível de prosperidade e a disponibilidade financeira de uma pessoa.

"O dinheiro não é a coisa mais importante da vida. Mas afeta todas as coisas que são importantes."

Robert Kiyosaki

Tão logo uma pessoa passe para a vida adulta, de alguma forma, o dinheiro, ou a falta dele, deverá atrapalhar ou contribuir com seus objetivos, sonhos e aspirações, fazendo parte de suas dores e felicidades. Desde os tempos mais remotos, o dinheiro é motivo de alegrias e tristezas; podendo dar esperança e, ao mesmo tempo, podendo retirá-la.

Todos os homens e mulheres possuem em sua mente, gravado lá no subconsciente, um modelo de dinheiro, que imperceptivelmente acaba influenciando em inúmeras decisões, as quais, na verdade são apenas uma consequência de emoções causadas por experiências passadas.

Não importa se a sua infância foi abastada ou repleta de privações. De alguma forma, o uso do dinheiro gerou experiências que criaram um modelo e que você internalizou. Assim, de forma quase imperceptível, os acontecimentos da nossa vida nos fizeram gravar em nosso subconsciente um código de normas, atitudes e realizações. Essas gravações criaram um filtro em nossa mente, através do qual baseamos nossas decisões.

Durante minha infância e adolescência, passei por diversas experiências relacionadas ao dinheiro, as quais passaram a se refletir nas minhas ações e reações na fase adulta.

Apesar dos meus pais terem tido carreiras bem sucedidas, pertencíamos a "classe média" e não tínhamos uma vida abastada. A educação financeira não era um assunto comum na nossa família, portanto, não podíamos esperar muita coisa. Os meus pais se esforçavam para que eu e minha irmã estudássemos nos melhores colégios e tivéssemos acesso a cursos extracurriculares, como inglês e informática. Em contrapartida, não tínhamos os carros mais luxuosos, por exemplo.

Por este motivo, embora tivéssemos estudado em escolas de classe média alta, na qual alguns alunos chegavam até de motorista particular, nós chegávamos de "fusca", "brasília", "gol", dentre outros veículos que a família teve no decorrer desse período.

Hoje dou risada de algo que acostumava acontecer na minha infância e adolescência: eu entrava no carro correndo e torcia para que nenhum amigo me visse e, já dentro do veículo, me abaixava um pouco para não ser reconhecido ao chegar ou ir embora do colégio. Isso não tinha absolutamente nada haver com pobreza ou com grandes humilhações. Nunca passamos necessidade alguma. Mas o simples fato de não ter o que os outros tinham me levava a um cárcere emocional que ia tomando conta da minha mente e impondo rígidos e complexos limites. O problema sempre tem o tamanho que nós imaginamos ter. Em se tratando de infância e adolescência, tudo se potencializa.

Alguns desses acontecimentos "sem importância", na verdade, influenciam como vamos administrar o dinheiro no futuro, pois participam da criação do modelo mental que revela o que significa dinheiro para nós. É muito provável que a maior parte do nosso orçamento na fase adulta seja gasto com o objetivo de não passarmos mais por situações semelhantes às da infância, da adolescência ou até mesmo eventualidades que já passamos na fase adulta. Logicamente, existem exceções para essa afirmação. Para os que tiveram uma infância abastada, o mesmo pode acontecer de forma invertida. Quando crescem, perdem o sentido de valor que o dinheiro tem. Certamente, existem exceções nesses casos também.

Quando abri minha primeira empresa, depois de passar por algumas dificuldades a que todo empreendedor está sujeito no início, comecei a ganhar dinheiro. E se você leu o segundo capítulo desse livro, já sabe que foi aí que tudo começou... É nesse momento que o nosso modelo de dinheiro se revela.

Quando comecei a realmente ganhar dinheiro, ao invés de guardar e investir uma parte, na verdade tentei viver tudo aquilo que acreditava ter sido privado durante o início da minha vida. Queria viajar para todos os lugares, curtir todas as baladas, andar com carros luxuosos, comer em restaurantes chiques. Queria mostrar para todos que, enfim, eu tinha vencido. Mostrar que finalmente eu era livre e que nunca mais seria envergonhado como antes. Triste ilusão!

O resultado inevitavelmente foi quebrar! Quando não temos excelência emocional, gastar dinheiro significa apenas tentar reparar a dor do passado. Só que, na verdade, o dinheiro é extremamente útil e possui grande valor, mas não tem o poder de apagar o que vivemos. Dessa forma, a decepção é inevitável.

A forma de ganhar dinheiro e administrá-lo, de poupar, de investir, de negociar e de opinar sobre dinheiro, normalmente são todas questões relacionadas ao que você viveu na infância e adolescência, e com as quais aprendeu a sobreviver. Somos reflexos das situações boas ou ruins que passamos.

Mas, adquirindo consciência de tudo isso, temos a escolha de mudar, afinal, apesar de sermos constantemente dominados pelo nosso subconsciente, é possível reeditar "janelas traumáticas" e assim realizarmos uma reprogramação, alterando profundamente nossa mentalidade, e desta forma, obtendo resultados pré-definidos em diversas áreas de nossas vidas.

Muitas de nossas atitudes não são racionais e sequer se alinham com nossos objetivos. Por exemplo: quero emagrecer, mas vou almoçar em um restaurante de massas e gulodices. Isso se alinha ao seu objetivo de emagrecer? Não, mas por algum gatilho, emocionalmente você continua sendo atraído a tomar essa decisão, mesmo sendo totalmente contrária ao seu objetivo final.

Na questão financeira, muitas pessoas são sufocadas pelos medos, traumas, decepções e dificuldades do passado, por isso, passam grande parte do seu tempo se lamentando e buscando desculpas para a situação em que vivem atualmente.

Há alguns anos, vi fotos de um luxuoso restaurante dentro de uma mina abandonada. Fiquei impressionado com o que via. Era algo simplesmente extraordinário!

Ao mesmo tempo pensei: *"Para quem tem criatividade, uma mina abandonada e improdutiva se transforma em um restaurante de luxo e assim continua produzindo riquezas"*. Mas sempre há pessoas que reclamam o tempo todo de onde estão ao invés de usar a criatividade e mudarem a realidade a partir daquilo que têm.

E quem teve uma infância abastada está livre de problemas? Não! Mesmo que teve uma infância em meio à riqueza, cria seus modelos de dinheiro, e este muitas vezes podem ser negativos. Muitos, por exemplo, se casam e tratam seu cônjuge superficialmente, como se fosse um negócio. Outros cometem sérios delitos e pensam que sua condição financeira os livrará da prisão. Algumas vezes pode até funcionar para a prisão física, mas não para a emocional.

Perceba que as emoções humanas não são geradas pelos acontecimentos ao longo de sua caminhada, mas sim por como você interpreta estes acontecimentos. É o valor que você deu a cada situação ou a cada desejo vivenciado que determinou o seu modelo mental.

Um modelo mental comum entre as pessoas e que foi popularizado através dos tempos, passando de geração a geração, está refletido na frase "sou pobre com orgulho".

Lembre-se: para ganhar dinheiro e ter prosperidade financeira, as pessoas precisam mudar o seu comportamento mental, aprendendo a ajustá-lo, deixando de associar erroneamente pobreza a caráter e honestidade. Vejo com frequência que a maioria das pessoas associa a pobreza a virtudes tais como humildade e perseverança. Levar uma vida difícil, mesmo que isso não te leve a lugar algum, é visto por muitos como algo positivo, com uma aura incandescente capaz de dar autoridade para a pessoa bater no peito e dizer "sou pobre com orgulho".

A pobreza no cérebro causa a pobreza na carteira!

Sua condição social não define necessariamente o seu caráter. Existe muito pobre honesto e muito pobre safado, assim como existe muito rico honesto e muito rico safado. A prosperidade, grande parte das vezes é encarada com desconfiança, e associada à torpeza de caráter. Criou-se uma cultura popular de que se for rico provavelmente deve ter roubado ou sonegado tributos, mas se for pobre é porque é honesto e bom caráter.

Para muitos, o pobre é sempre vítima, mesmo que a criatura seja um homem desorganizado com suas próprias finanças, frequentador assíduo de bares, violento com esposa e filhos, ainda assim sua imagem de "trabalhador", que ganha mais ou menos o salário-mínimo, já é o suficiente para que seja honesto e de bom caráter, fazendo florescer nas mentes intelectuais verdadeiras odes a essa criatura nada espirituosa. E é claro que todas as outras circunstâncias são responsáveis pelos infortúnios da vida dele, menos suas ações diárias...

O rico é o malvado. Sempre! E haja impropérios para caracterizar seus atos. Todas suas escolhas pessoais diárias, tais como usar racionalmente seu tempo e dinheiro, trabalhar incansavelmente e ter visão de futuro, na boca dos outros, se transformam nas palavras de avareza, neurose e oportunismo.

E olhem que situação escabrosa: se o pobre ganhar algo (licitamente ou não) sem que seja fruto do seu trabalho, isto é válido. Porque ele é pobre e precisa. Mas se alguém com mais posses tentar proteger algo que foi fruto de seu suor, não passa de um sonegador de impostos, o mais vil dos devedores, egoísta miserável, que não vê que sua riqueza tem que ser distribuída.

Não preciso ir muito longe para demonstrar que riqueza na mão de quem não a produziu acaba indo fácil. Observem quanto tempo dura a farra de alguém que acertou na loteria. Isso acontece porque a pobreza não gera virtudes. Dizer também, que uma pessoa nascida em uma família pobre não pode ficar rica, é tão falso como dizer que todos pensam de forma igual. Cada vez mais, a geração de prosperidade financeira tem sido transferida do CAPITAL para o CONHECIMENTO! E a geração de prosperidade financeira através do conhecimento é extremamente acessível a todas as pessoas que tenham vontade, interesse e determinação.

Até pouco tempo atrás, o bem mais precioso do mundo era o petróleo, mas a cada dia o bem mais precioso do mundo passa a ser o conhecimento e a sabedoria de saber o que fazer com este conhecimento. Basta observar que até poucos anos atrás, as maiores empresas do mundo eram sempre as do ramo petrolífero e hoje são as de tecnologia.

O que se dirá, entretanto, do espírito que busca a riqueza? Este alguém terá que ter força, perseverança, fé. Terá muitas vezes que renunciar ao imediatismo e sua coragem será fundamental, assim como a visão ampla também, sem falar na habilidade de trato com as pessoas.

Em suma: aprenda a pensar como os ricos. Controle seus pensamentos. O pensamento altera os sentimentos e as emoções. O pensamento define as pessoas, e quando o seu espírito descobrir seus verdadeiros dons, percebendo o que faz de melhor e passando a utilizar suas habilidades para resolver problemas dos outros seres humanos, você conseguirá ajudar pessoas e ao mesmo tempo gerar riqueza, tornando a prosperidade virtuosa.

Pensar pode ser igual a pedir!

LEMBRE-SE: Quando você pensa em algo, está produzindo emoções, que por sua vez, geram vibrações específicas. Essas vibrações vão aproximar elementos de mesmo padrão; portanto, pensar pode ser o mesmo que pedir. Pela analogia, se você está pensando, está pedindo. Mesmo que você não esteja pensando conscientemente, você estará pedindo!

Capítulo 07

DINHEIRO TRAZ FELICIDADE?

A busca pela felicidade é uma das coisas que inquieta o ser humano, e que faz a maioria de nós continuarmos vivendo dia após dia sempre desejando essa sensação.

Se formos questionados sobre o que queremos, muitos de nós responderemos: ser feliz. Mas a maioria absoluta das pessoas não sabe explicar exatamente o que é a felicidade, e nem o que lhe falta para ser feliz. Isso acontece porque para cada ser humano o termo "felicidade" pode estar representado de forma diferente.

Existe uma crença disseminada de que um dos caminhos para a felicidade é o dinheiro e a riqueza. Será? Na contramão deste pensamento, a maior parte das pessoas também concorda que a felicidade não é algo tangível e, portanto, não pode ser comprada. Quando ela vem, normalmente é de graça. E é realmente incrível observar como a maioria dos momentos de real felicidade que as pessoas experimentam, independe da quantidade de zeros do seu contracheque, do seu saldo bancário, ou da sua riqueza.

Porém, ao mesmo tempo em que o dinheiro não traz e tampouco representa garantia de felicidade, é com ele que as pessoas garantem o seu conforto e o seu bem-estar.

Quem não consegue ganhar o suficiente para atender suas reais necessidades – que nem sempre são só as básicas - normalmente gera um ciclo muito ruim, produzindo diversas angústias relacionadas ao dinheiro, principalmente nos casos em que o endividamento e o desejo de ascensão transformam-se em sensação de inferioridade, baixando a autoestima.

Então, apesar do dinheiro não garantir felicidade para ninguém, é importante que fique bem claro: o poder, a liberdade e a qualidade de vida que podemos ter quando nossa conta bancária está robusta, é uma coisa ótima. Isso acontece, simplesmente porque quem tem dinheiro pode usá-lo quando e como quiser - e não me refiro apenas à aquisição de bens materiais. Podemos usar o poder do dinheiro em favor das pessoas menos favorecidas, por exemplo, ou em favor da sociedade, em favor dos nossos amigos, em favor da nossa família e, é claro, em favor de nós mesmos.

Quem não gostaria de poder contar com uma alimentação equilibrada e de qualidade, mais tempo para passar com a família, bem como acesso aos melhores médicos e hospitais a qualquer tempo? Não seria ótimo ter dinheiro suficiente para não precisar fazer contas na hora de fechar o orçamento no final do mês?

Imagine você AGORA, entrando em um site de viagens e comprando uma passagem de avião para qualquer lugar do mundo, conhecendo destinos interessantes. Da mesma forma, sem dúvida é ótimo ter um carro confortável, seguro, e que nunca nos deixe na mão; é ótimo poder pagar os estudos dos nossos filhos, aqui ou no exterior; é ótimo ter uma casa na praia ou no campo, para receber a família e os amigos; é ótimo desfrutar da boa mesa, de bons restaurantes e de um bom vinho; e poderíamos alongar este conteúdo, dando muitos outros exemplos das vantagens de ser rico, mas isso seria limitar a abrangência deste conceito.

Então observe que apesar do dinheiro não comprar e tampouco ser garantia de felicidade para ninguém, ele é uma ferramenta muito importante para assegurar o seu conforto e o bem-estar das pessoas que você gosta.

"Não estimes o dinheiro nem em mais nem em menos do que aquilo que vale, porque ele é um bom servo e um mau amo."

Alexandre Dumas

Lembre-se sempre que o principal objetivo de vida das pessoas verdadeiramente realizadas é o uso correto dos seus dons, talentos e habilidades em favor dos seres humanos. Conforme já mencionado no início desse livro, o segredo é ser, para chegar a ter, e não ter para chegar a ser; portanto, aumente sua riqueza interior e aumentará sua riqueza exterior. O dinheiro em si não deve ser o propósito, mas sim a consequência do seu objetivo de vida, tornando-se uma ferramenta para uso e não para autodeterminação.

O problema é quando o dinheiro sai da posição de utilidade, e vira ferramenta para medir o valor das pessoas.

Em geral, os conselhos oferecidos para ter mais felicidade são: cuidar da natureza, brincar com as crianças, trabalhar pela paz, viver e deixar viver, ser positivo e tranquilo, doar-se aos outros e respeitar quem pensa diferente. Observe que para a maioria dessas ações, nós não precisamos de dinheiro. E elas são fonte de felicidade. De fato, são incontáveis os momentos de alegria que a vida nos dá todos os dias (para os quais não é preciso ter ou gastar dinheiro), como o amor genuíno da pessoa amada, o sorriso dos filhos e dos netos, e o despertar dos sentidos no contato com a natureza.

Talvez não seja possível ensinar ninguém a ser feliz, porque a felicidade é simplesmente uma questão de aceitação. Mas observe que, se é verdade que ter dinheiro não é garantia de felicidade, também é verdade que viver com pouco dinheiro não é uma tarefa muito fácil. Então, goste você ou não, o dinheiro é uma ferramenta necessária no dia a dia, sendo importante que você aprenda a gostar dele e a lidar melhor com ele.

É impossível que um ser humano atinja a plenitude, sem possuir condições financeiras que lhe permitam explorar todo o seu potencial. Mesmo pessoas extremamente espiritualizadas e desapegadas de bens materiais, necessitam do dinheiro para vestir, comer e viver. Perceba que é impossível atingir altos níveis de desenvolvimento, sem que tenhamos recursos que nos permitam conhecer outras culturas, cuidar do corpo, da mente e do espírito.

Agora pare um pouquinho e pense:

- Como seria a sua vida se você ficasse rico?

R. ____

- O que você mudaria na sua vida?

R. ____

- Quais seriam os seus próximos passos?

R. ____

- O que você gostaria de fazer agora?

R. ____

Capítulo 08

SEJA BRILHANTE

Ser brilhante implica desenvolver algo especial e que te diferencie das outras pessoas, sendo necessário identificar seus dons, talentos e habilidades, a fim de permitir que você possa potencializar suas qualidades e transformar a sua vida e a de outras pessoas. Não se trata apenas de ser diferente em aparência ou de maneira superficial, mas sim de tornar-se único ao utilizar suas habilidades para melhorar a sua vida e a de outros seres humanos.

Se você acredita ser uma daquelas pessoas que não possui nenhum talento, e que não pode inspirar os outros, saiba que está completamente equivocado, e que todos - sem exceção - contamos com a matéria prima necessária para evoluir sempre que quisermos. Todos podemos nos tornar melhores do que aquilo que já somos.

Entendo que a minha motivação e o meu objetivo de vida, por exemplo, possa ser ajudar as pessoas a iniciar um processo de reflexão, descobrimento, autoconhecimento e expansão da consciência, que leve cada um a encontrar seu próprio objetivo de vida, com uma motivação tão forte, profunda, transcendental e sustentável, que as conduza pelos caminhos da riqueza, prosperidade e realização pessoal. Para mim, o mais importante é orientar e mostrar a cada leitor a existência de caminhos, que possam levá-lo a realizar mudanças positivas em sua vida, ativando o processo necessário para que se torne uma pessoa brilhante.

Muitas pessoas se aproximam de mim e afirmam que não possuem nenhum talento especial que lhes dê a mais remota possibilidade de ter prosperidade, tornar-se uma pessoa rica e bem sucedida. Como costumo dizer, cada pessoa possui diversos talentos, que podem ser desenvolvidos e monetizados, ou seja, usados para ganhar dinheiro. Mas se alguém acredita realmente não possuir nenhum talento, acaba anulando, com seus pensamentos e com suas palavras, qualquer possibilidade de gerar riqueza e prosperidade. O pensamento e a linguagem são as armas mais poderosas que temos para mudar nossa realidade de maneira positiva, mas se não soubermos usar adequadamente estas armas, elas também podem se tornar letais e acabar com nossos sonhos e aspirações.

Dentre as alegações mais comuns, que escuto das pessoas com dificuldade em alcançar prosperidade, estão o contexto familiar e a falta de oportunidade. Note que em ambos os casos, delega-se a culpa aos outros. É muito comum encontrar pessoas que alegam terem sido vítimas da sociedade, acreditando que o fato de não terem nascido em um contexto familiar privilegiado, tornou-se um obstáculo intransponível e que as impede de se tornarem ricas e bem sucedidas. Como se diz coloquialmente, "*não nasceram em berço de ouro*", e assim marcam seus pais, suas famílias e sua educação, como os fatores que as condenaram a ser pobres durante toda sua vida.

Já mencionei anteriormente neste livro, que a maioria dos bilionários de hoje vieram da classe média, da pobreza ou da extrema pobreza; mas as pessoas que buscam desculpas para seus fracassos, comumente desconhecem essa informação e simplesmente alegam serem vítimas da sociedade. Já me encontrei inúmeras vezes com pessoas que consideram como problema o lugar onde nasceram, alegando que o local não oferecia oportunidades iguais para todos, com meios precários e círculos sociais fechados. Lugares que seriam tão limitados que não lhes permitiram a oportunidade de fazer as conexões necessárias para alcançar posições proeminentes ou ter êxito com suas ideias de negócio.

Curioso é que, normalmente, destes mesmos lugares, descobre-se pessoas que mudaram de vida e transformaram-se completamente, tornando-se prósperos e bem sucedidos.

Alguns dirão ainda que não lograram ser exitosos, porque não são suficientemente altos, atraentes, fortes, magros, sexys, ... ou porque carecem de qualquer outra qualidade que acreditam que lhes daria alguma vantagem sobre os demais. São capazes de enumerar um rosário de desculpas intermináveis, como um ciclo de pretextos sem fim, capaz de anular suas possibilidades de progresso. É frequente, por exemplo, que algumas mulheres em particular, sintam que sua condição de gênero já as coloca em um plano de desvantagem, e que por isso, estão condenadas a não serem ricas, ou pelo menos não tão ricas como pode ser um homem.

Eu comprovei ao longo da minha vida profissional, que nada disso é certo, e que se trata apenas de ideias e pré-conceitos limitantes que temos dentro de nós mesmos, e que todos, sem exceção, podemos vencer nossos medos, temores e complexos, criando as condições necessárias para nos tornarmos pessoas prósperas, ricas e bem sucedidas.

Não vou negar algo evidente, como o fato de que cada pessoa nasce em circunstâncias diferentes; mas para mim, isso não determina o destino de ninguém de uma maneira definitiva, como se estivesse gravado em pedra e não houvesse remédio. Pelo contrário, acredito firmemente nas infinitas possibilidades que cada pessoa possui para mudar sua vida e sempre melhorar. Mas sem dúvida que a vontade e a determinação de crescer, mudar e alcançar a prosperidade e a riqueza, constitui um fator decisivo nesse processo, onde a pessoa precisa deixar de delegar ou transferir culpa aos outros, apropriando-se verdadeiramente da sua própria vida, assumindo para si toda a responsabilidade de alcançar o seu propósito, sem ficar se escondendo atrás dos pretextos já mencionados nos parágrafos anteriores.

O tempo todo fazemos escolhas e colhemos as consequências de cada uma delas, sendo autores e não vítimas.

Até quando não fazemos uma escolha, estamos escolhendo. Sim, porque não escolher também é uma escolha, que certamente criará consequências.

Temos a liberdade de escolher e a responsabilidade de arcarmos com as suas respectivas consequências. Escolhemos no presente e colhemos no futuro. Assim, você pode prever o seu futuro, olhando para o que você está plantando agora. Você pode mudar o seu futuro, mudando as suas escolhas neste exato segundo. Mas o que percebemos é o péssimo hábito que a maioria das pessoas tem de fazer-se de vítima, depois de inúmeras escolhas equivocadas feitas durante toda uma vida. Algumas pessoas chegam ao cúmulo de dizer que tiveram uma vida medíocre porque essa foi a vontade de Deus. Há pessoas que possuem o conhecimento dos prejuízos que o tabaco causa, e não aplicam esse conhecimento, ou seja, continuam escolhendo fumar, mesmo que as consequências sejam danosas para sua saúde no futuro. Pessoas que reclamam do corpo, mas não se alimentam adequadamente e não fazem exercícios. Pessoas que se queixam o tempo todo das consequências das próprias escolhas e passam a vida buscando culpados, sem assumir a responsabilidade.

Em minhas palestras sobre esse tema, repito constantemente que os ricos se responsabilizam por seus resultados; não pelas desculpas. Observe que os ricos não ficam endossando culpas do porque as coisas não saíram como gostariam ou do porque tiveram uma situação inesperada; eles se apropriam da situação, participando ativamente no processo de criação de riqueza, e independente do resultado, sempre ganham ou aprendem no final. A palavra perda ou fracasso não faz parte do dicionário de uma pessoa brilhante, sendo substituída por experiência, aprendizagem e formação, jamais fracasso. Além disso, sempre falo da importância de se investir, prioritariamente naquilo que a pessoa sabe antecipadamente que vai ganhar, diferentemente de quando investem em uma ação, divisas, commodities, criptomoedas ou imóveis. Certamente, assim como ocorre quando falo isso em minhas palestras, você deve estar se perguntando:

- Mas quais investimentos uma pessoa consegue saber antecipadamente e de maneira segura que vai ganhar?

Minha resposta é simples:

- Você ganha sempre que seus investimentos estejam relacionados com o que você faz de melhor, com seus dons e talentos, lhe proporcionando satisfação pessoal e dinheiro. Você também ganha com o investimento que é feito em você mesmo, no seu conhecimento e na sua educação financeira. Depois, você ganha quando investe com conhecimento, em algo que tem experiência e compreende exatamente como funciona.

Acredito que não existe nada mais rentável do que investir naquilo que você faz de melhor, que desenvolve com paixão, que te motiva e cumpre com seu propósito de vida. E quando uso a palavra rentável, não me refiro apenas a dinheiro, mas também a satisfação de realizar algo que seja o motivo pelo qual você veio a este mundo.

Suba seus rendimentos ao nível dos seus sonhos, ou verá baixar seus sonhos ao nível dos seus rendimentos.

Recordemos que o universo tira fotografias, onde ficam registradas as condições exatas em que você se encontra. Depende apenas de você, fazer com que essa foto fique como desejaria vê-la. Então, pergunte-se quantas desculpas você diz a si mesmo diariamente para não mudar; reflita se você acredita que o dinheiro é uma coisa boa ou ruim, se você assume a responsabilidade quando alguma coisa dá errado ou sempre delega a culpa aos outros, e se você sente estar no caminho certo ou precisa corrigir a rota.

Uma pessoa que sempre esteja se refugiando nos outros, se escondendo e inventando desculpas ou culpando os demais e o sistema pela má sorte que acredita ter na vida, jamais terá prosperidade, será rica e progredirá. Se o tempo todo, está buscando nos demais a solução para seus próprios problemas, ou se de maneira constante, está pensando que são as ações dos outros que o prejudicam, no fundo é a sua própria mentalidade derrotista que está freando qualquer aspiração de converter-se em um ser extraordinário e merecedor de riqueza.

Junto a essas pessoas que não assumem responsabilidades, também aparecem os que se sentem cômodos na situação que estão, e por isso não querem modificar nenhuma circunstância, na maior parte das vezes, por medo de perder o pouco que já conquistaram, acreditando de uma maneira ilusória, que já alcançaram o ponto mais alto que poderiam chegar. Neste caso, estão as pessoas que se acomodam em um emprego que não gostam por medo de perder o salário fixo, deixando de acreditar em si mesmas e assim, não buscando mais alternativas, muitas vezes enterrando para sempre suas aspirações de ter mais prosperidade financeira e obter os meios de realizar seus sonhos. Essas pessoas se somam aos meramente conformistas, que embaixo de um falso manto de tranquilidade e parcimônia, deixam ir passando o tempo, terminando suas vidas completamente resignados.

Se você quer renunciar a prosperidade e se manter longe da riqueza, tornando-se praticamente um repelente para ela, conforme-se com aquilo que tem hoje, com aquilo que ganha e com a sua zona de conforto. Desta forma, seu comodismo, assim como um câncer, vai te devorando, enquanto você espera sua aposentadoria, enquanto você espera por um dia em que, pela idade, passe a receber uma pensão, que quando chegue (se é que chegará), tampouco lhe permitirá realizar muitos de seus desejos, e inclusive, quem sabe neste dia, você já se encontre sem saúde e sem brio suficiente para desfruta-la.

A Zona de Conforto pode oferecer segurança, mas não riqueza; pode te dar tranquilidade, mas não progresso; então evite-a.

A zona de conforto é um perigo! A maioria das pessoas se conforma com o que tem, mesmo quando a casa está caindo, os filhos estudam em escolas ruins e suas férias são obrigatoriamente sempre no mesmo lugar. Então dizem: "nada me falta!"; e eu lhes pergunto: "mas o que lhes sobra?"; afinal, não se trata do que você tem, mas sim do que você quer ter.

Ficar acomodado na zona de conforto torna a vida banal, sem propósito, pequena, e como diria o filósofo Mario Sergio Cortella:

"Uma vida pequena é aquela que nega a vibração da própria existência. O que é uma vida banal, uma vida venal? É quando se vive de maneira automática, robótica, sem uma reflexão sobre o fato de existirmos e sem consciência das razões pelas quais fazemos o que fazemos".

A questão, portanto, não é simplesmente se alguma coisa lhe falta ou não, mas atentar-se ao fato de que se mantendo acomodado, você tende a se afastar de uma vida plena, esquecendo seu propósito e deixando de se tornar uma pessoa brilhante. Preciso destacar aqui, que sempre, sempre, sempre, TODOS nós temos a possibilidade de escolher e, portanto, construir nosso destino. Cada ser humano é responsável por construir o seu futuro. Nesse sentido, vale a célebre frase de Jean-Paul Sartre, citada com propriedade pelo professor Leandro Karnal:

"Não importa o que a vida fez com você; importa o que você fez do que a vida fez com você".

Provavelmente, você já teve em sua vida algum daqueles momentos de crise existencial, em que nada parece bom, em que você sabe que precisa mudar, mas ainda assim se sente hesitante em agir, resistente a mudar as coisas e tomar novos rumos. Seria o momento ideal para fazer uma mudança, mas a sensação é a de que uma corrente de ferro prende você ao chão e não deixa que você se mova em qualquer direção. Eu sei que é difícil, mas essa é a sua oportunidade de sair definitivamente da zona de conforto e descobrir qual é a sua verdadeira missão neste mundo, seu propósito de vida. Não são poucas as pessoas que passam a vida presas por esta corrente imaginária, se conformando de tal maneira, que jamais tentam concluir uma transição para novos rumos.

"Temos duas forças que nos movem a vida toda: a inspiração e o desespero."

Ben Zruel

Lamentavelmente, a maior parte dos seres humanos acaba agindo mais por desespero do que por inspiração, o que faz com que a maioria absoluta das pessoas não saia do lugar. É o popular *"apagando incêndio"*. Observe que grande parte das pessoas ao seu redor, só procuram uma nova oportunidade de trabalho quando ocorre uma demissão. Elas deveriam estar sempre atentas às oportunidades, buscando seu crescimento, ampliando seu network, testando novas possibilidades, mas normalmente se acomodam.

Quem acha que é fácil sair de uma zona de conforto, sabendo exatamente onde se pisa, para entrar em um verdadeiro campo minado, provavelmente é porque nunca arriscou de verdade, e certamente deixou de fazer o que seu coração estava mandando. Meu coração, por muitas vezes, quase saltou do peito, mas me ajudou a enfrentar as mudanças necessárias e assim encontrar os meus verdadeiros talentos, dons e vocações.

Saiba que, mesmo quando estamos no melhor cenário possível dentro de nossas carreiras, se não estivermos em um lugar que permita expressar nossas habilidades únicas, um alarme interno deverá ascender e ficar piscando. São pequenos sinais de alerta, que não devem ser ignorados, caso contrário podem significar a morte de sonhos e de potencialidades, que talvez você próprio desconheça.

Também é importante atentar-se que a zona de conforto de hoje, pode ser a causa do desespero de amanhã. No mundo todo, os governos vêm se tornando insustentáveis do ponto de vista econômico, e as contas públicas estão cada vez mais deficitárias. Com o aumento da expectativa de vida que temos visto nas últimas décadas, cada vez será mais comum que as pessoas vivam mais tempo após se aposentarem, porém, aqueles que passaram a vida sem sair da zona de conforto, simplesmente pagando as contas do mês, não tendo criado uma boa reserva financeira, possivelmente enfrentarão as dificuldades de quem depende da previdência oficial e da saúde pública, que já estão sobrecarregadas. Ao que tudo indica, a sua qualidade de vida no futuro, dependerá da sua reserva financeira e da possibilidade ou não que você tenha de pagar um bom convênio médico e medicamentos. É melhor confiar em você, ao invés de acreditar que algum governo ou alguém vai sustentá-lo na velhice. Não é em vão que costumo instigar as pessoas a conquistar sua liberdade financeira.

Nós mesmos somos responsáveis pelo rumo de nossas vidas e pelo nosso futuro. Os custos emocionais, que estão embutidos em nossas escolhas, são irreversíveis.

Neste momento eu desafio você a viver a vida inspirado e não desesperado como a maioria. Convido você a se libertar das correntes, que não deixam você seguir novos caminhos.

Você sabe o que é empreender? Empreender é simplesmente realizar, fazer acontecer! E as pessoas que se arriscam a realizar, as quais chamamos de empreendedores, encontram todos os dias alguma encruzilhada, onde devem tomar decisões sobre qual rota seguir. São nestes momentos, que devemos entender que só estamos verdadeiramente de corpo, mente e alma em um negócio, quando não consideramos a possibilidade de desistir ou recuar. Acredito que cada um deve assumir a responsabilidade pela sua vida e tomar a sua própria decisão. E não sou eu quem deve dizer qual o caminho a seguir, porque essa decisão pode ser o momento mais difícil da sua vida. Cada vez mais é necessário que cada pessoa busque construir diversas fontes de renda, que crie alternativas e que amplie suas próprias oportunidades.

Acreditar nos seus sonhos é algo que verdadeiramente pode ajudá-lo a tomar decisões importantes, a lidar com as dificuldades e perceber o quanto você é responsável pelo seu destino, pela sua satisfação e pelo seu sucesso. E mesmo que alguma dor acompanhe a sua transformação, você precisa compreender que ela é parte do crescimento, tornando-se até necessária, para que você possa subir ao próximo nível.

Eu posso lhe garantir, com toda minha convicção, que haverá um alto custo se você continuar fazendo aqui neste mundo algo que não veio para fazer. E talvez este custo seja muito maior do que o de simplesmente acreditar nos seus sonhos e arriscar. Você precisa identificar seu propósito de vida e aprender a melhor forma de rentabiliza-lo, porque ficando eternamente na sua zona de conforto, quem vai arcar com esse custo é você mesmo.

Imagino que alguns tenham mais dificuldade em compreender a ligação entre prosperidade física, mental, emocional, financeira e seus pensamentos, mas é importante que percebam a intimidade com que tudo isso esta ligado. Observe a dificuldade de ganhar dinheiro daquelas pessoas que criticam a riqueza, vendo sempre os ricos com suspeita, desconfiança, inveja, antipatia e ressentimento. É impossível atrair ou conquistar aquilo que você sempre critica. Ao criticar alguma coisa, nem que seja da boca para fora, essa mensagem é gravada em seu subconsciente, levando-o a acreditar que aquilo seja verdade e desta forma fazendo seu cérebro trabalhar, mesmo que inconscientemente, para que aquilo não aconteça.

Vejo com certa frequência, que muitas pessoas ainda associam a pobreza a virtudes, como honestidade, humildade e perseverança. Conforme já dito, é impressionante que no imaginário coletivo, continue predominando uma ideia de que levar uma vida difícil, mesmo que isso não leve a pessoa a lugar nenhum, seja sinal de caráter, sendo normalmente visto por muitos como uma coisa positiva, capaz de dar autoridade para alguém bater no peito e dizer *"sou pobre com orgulho"*. Não tenho dúvida de que esta mentalidade acaba segurando milhares de pessoas na pobreza.

Se alguém diz que é pobre com orgulho, ou seja, diz indiretamente ao seu cérebro, que se sente orgulhosa com esta condição, mesmo no caso dela não acreditar de verdade nisso, essa é a verdade que o seu cérebro vai assimilar.

É muito mais fácil culpar a sociedade e encontrar desculpas, do que assumir a própria responsabilidade, quando falhamos em nossos objetivos. Assim, os comentários pejorativos e maldosos contra os ricos, normalmente refletem uma fuga da própria responsabilidade e da incapacidade para ocupar-se de si mesmo e afrontar sua própria pobreza material e espiritual A maior parte daqueles que sempre criticam as coisas materiais, bem no fundo as adoram, mas não possuem a coragem e a valentia para conquistá-las.

Provavelmente você já deve ter escutado frases muito arraigadas em nossa cultura latino-americana como, "rico é aquele que menos necessita", "dinheiro não traz felicidade", "dinheiro é um problema", "sou pobre, mas sou feliz", entre diversas outras, que cortam pela raiz qualquer iniciativa de mudança que uma pessoa pudesse dar a caminho de hábitos necessários para atrair prosperidade e abundância. Estas frases eliminam a possibilidade essencial e legítima que todos os seres humanos possuem de desejar riqueza e prosperidade, de encontrar seu "ser brilhante" e efetivamente alcançar níveis de receita financeira muito mais altas que sequer possam imaginar.

Outras frases que abundam são do estilo: "é melhor ter amigos do que dinheiro" ou "prefiro a riqueza espiritual que a material". Uma pessoa brilhante grita aos quatro ventos: "Eu prefiro as duas coisas, as duas coisas! Amigos e riqueza, riqueza espiritual e material!", assim como não queremos e nem devemos escolher entre ter mãos ou ter pés. Na vida devemos escolher pelos dois. É melhor ter amigos do que dinheiro? Não, definitivamente não. Uma coisa não deve excluir outra. Continuo estudando, trabalhando muito, fazendo o que gosto, sendo extremamente motivado, e muitos dos meus amigos acham que eu já conquistei muita coisa, mas tenho certeza que ainda não alcancei sequer um por cento daquilo que posso conquistar. Assim, sugiro você a repensar e quem sabe perceber o quão longe também pode ir.

A crença negativa sobre dinheiro, que se alastra no inconsciente coletivo, como um conjunto de sentimentos, pensamentos e lembranças compartilhadas por todos aqueles que absorvem os ditos populares, na verdade são ideias completamente equivocadas, mas que por muitas vezes se transformam em realidade na cabeça de quem busca desculpas para o seu fracasso. Sem dúvida, são essas crenças negativas que alteram diretamente o nível inconsciente das pessoas, influenciando na percepção que se tem de mundo. Há muitas crenças que permeiam a vida financeira e nasceram de falas do senso comum, acabando internalizadas, independentemente de quem as tenha dito. Essas ideias, em geral, são limitadoras e estão profundamente enraizadas na sociedade, tendo sido absorvidas sobretudo na infância.

É preciso ter em mente, que crenças financeiras negativas, por mais que sejam comuns e pareçam algo que "todo mundo pensa", podem acabar sabotando a sua relação com o dinheiro, o que acarretará em consequentes problemas financeiros.

O subconsciente das pessoas influenciadas pelos pensamentos negativos, acaba não dando valor ao dinheiro e normalmente tende a encontrar desculpas para não colaborar no controle das suas finanças, impedindo que o seu patrimônio aumente. Veja alguns exemplos de afirmações calcadas em crenças negativas e que podem ilustrar melhor esses pensamentos:

1. *"O dinheiro não cresce em árvores"* - Talvez em algum momento da sua infância você já tenha escutado essa frase dos seus pais, provavelmente ao pedir que eles comprassem alguma coisa. Pois saiba que quando esta frase é dita nesta circunstância, a mensagem subliminar passada ao nosso cérebro é de que ganhar dinheiro é uma tarefa muito difícil. Este é um motivo pelo qual tantos adultos tem a impressão de que ganhar dinheiro é uma tarefa tão complicada; afinal, o cérebro assimilou esta informação, fazendo com que a pessoa acredite que ganhar dinheiro é algo inacreditávelmente árduo e penoso. Provavelmente, se os pais compreendessem o quanto esta afirmação é prejudicial para a educação financeira dos seus filhos, passariam a dizer que: "o dinheiro cresce como uma árvore". Planta-se uma semente e rega-se (ou seja, poupa-se e investe-se, para o dinheiro passar a render). Com o tempo, como na árvore, é possível colher os seus frutos (ou analogamente, o resultado de ter poupado e investido).

2. *"As minhas condições de vida (profissão, falta de estudos, origem humilde, etc.), não me permitem ganhar muito dinheiro"* - De

acordo com dados estatísticos, existem inúmeros casos de milionários provenientes de uma origem extremamente humilde, sendo possível observar ainda, que grande parte deles chegou ao topo mesmo sem um diploma universitário, tendo utilizado apenas algumas habilidades que possuíam. São pessoas que nunca deixaram de acreditar em seus sonhos e aprender ao longo da vida. O fato é que todas as pessoas podem ser prósperas e felizes, mas para tal, é necessário acreditar, traçar um plano e realizar ações concretas, a fim de alcançar o objetivo.

3. *"O dinheiro não é importante"* - Não tenho a menor dúvida de que o dinheiro é sim importante, não apenas por permitir adquirir bens, que servem para suprir as nossas necessidades básicas, mas principalmente por nos permitir a liberdade de escolha (o que fazer, onde morar, o que comer, etc.). Além disso, sempre que o dinheiro seja resultado de uma atividade que gostamos de fazer, ele acaba se tornando um facilitador da felicidade, principalmente nos casos em que é ganho através do seu propósito de vida. Observe que a motivação por detrás do enriquecimento é fundamental para determinar se o dinheiro te fará feliz. Se ele tiver origem negativa (como medo, raiva ou necessidade de provar algo a si mesmo ou a alguém), possivelmente o dinheiro nunca lhe trará felicidade. Mas se tiver uma base positiva (se o dinheiro surgir em consequência da concretização do seu propósito de vida), certamente irá contribuir para a sua felicidade. De qualquer forma, independente da emoção que o dinheiro lhe proporcione, ele é sim importante para permitir o acesso aos itens de consumo necessários, como alimentação, saúde, moradia, etc..

4. *"O dinheiro obtém-se arduamente, dedicando quase todo o tempo ao trabalho"* - É muito fácil observar que a maioria das pessoas que se tornam ricas, realmente trabalham mais do que a média, mas não se matam de trabalhar; elas também investem

tempo de qualidade com a família, e viajam de férias regularmente. Como acredito que não existe nada mais rentável do que investir naquilo que você faz de melhor, que desenvolve com paixão, que te motiva e que cumpre com o seu propósito de vida, chego à conclusão de que o fato dessas pessoas trabalharem mais, se deve ao prazer que o trabalho lhes dá, pois na maioria dos casos elas têm o privilégio de fazer o que gostam.

5. *"O investimento é para os ricos"* - Toda e qualquer pessoa pode poupar e investir parte da quantidade de dinheiro que ganha. Aliás, o próprio mercado financeiro está aberto a qualquer pessoa, desde que haja interesse para tal. Cabe a você estabelecer metas, se organizar e tomar a iniciativa de poupar e investir, mesmo que uma pequena quantidade por mês.

6. *"O dinheiro é sujo/corrupto"* - O dinheiro é apenas um recurso, um objeto, um meio de troca, não sendo por isso sujo ou limpo, corrupto ou honesto. Quem pode receber estes adjetivos, são algumas das pessoas que fazem coisas erradas, sendo corruptas e desonestas com o dinheiro, mas não o dinheiro em si. Tenho plena convicção de que os falsos ricos são realmente desonestos e corruptos, cedo ou tarde perdendo tudo aquilo que não deveria lhes pertencer, ou que conquistaram de forma errada. Os verdadeiros ricos chegam a este nível de prosperidade simplesmente por encontrar o seu propósito de vida, transformando seus dons, talentos e habilidades em ferramentas rentáveis.

7. *"O dinheiro é a raiz do mal"* - No texto bíblico, o apóstolo Paulo disse: "Porque o amor ao dinheiro é a raiz de todos os males". Observe que ele faz um alerta, não contra o dinheiro, mas sim contra o "amor ao dinheiro", e ao mau uso que se faz dele. Este é um dos ensinamentos bíblicos utilizado de forma mais errônea, equivocada e distorcida, que podemos encontrar. Costumo dizer, frequentemente,

que o propósito de vida não deve ser ganhar dinheiro, mas sim descobrir o motivo pelo qual você existe. Quando nosso espírito descobre seus dons, e passamos a utilizar nossos talentos e habilidades para resolver problemas de outros seres humanos, conseguimos ajudar as pessoas e ao mesmo tempo gerar riqueza, tornando a prosperidade virtuosa. Isso significa que, quanto mais pessoas ajudarmos com o nosso propósito de vida, mais prósperos tenderemos a nos tornar. O dinheiro é apenas um objeto, porém, constituído de significado e relevância. Por ser um objeto de troca que favorece a aquisição de bens, produtos, status e poder, o dinheiro é largamente cobiçado pela maioria dos homens. É o mau uso do dinheiro, que pode fazer dele um objeto do mal. Sem dúvida, o amor excessivo pelo dinheiro pode ser destrutivo, maléfico para a saúde emocional, social e espiritual do homem, e até mesmo atrair consequências físicas negativas devido à sua presença. Assim, aprender a usá-lo com sabedoria, para o bem, é o melhor caminho para não ser vítima dos males que advém de um coração enganado a seu respeito. Obviamente, que o "amor ao dinheiro" pode ser a raiz de toda a espécie de males; e nessa cobiça, alguns se desviam da fé, e se traspassam a si mesmos com muitas dores. Mas devemos ter em mente que dinheiro é apenas energia, apenas uma ferramenta. Ganhe e use o dinheiro com sabedoria e ele certamente será motivo de felicidade, podendo proporcionar uma vida muito mais confortável a você e às pessoas que você ama.

8. ***"Os ricos são pessoas más"*** - Existem muitas pessoas que pensam isso, mesmo que não admitam. Algumas vezes acontece aquela antipatia pelos ricos, que você não se recorda de onde vem, mas que normalmente se origina na sua frustração pessoal e na inveja. Como acontece com todas as pessoas, existem ricos bons e maus. Mas dizer que todos são maus, equivale a julgar injustamente aqueles que obtiveram dinheiro devido às suas habilidades, seu empenho e seu trabalho de forma correta. As pessoas verdadeiramente

prósperas, normalmente costumam ser generosas e procuram retribuir a sociedade pela prosperidade que recebem, distribuindo ensinamentos, praticando o bem e ajudando em causas sociais. A maldade não está na riqueza ou na pobreza, mas sim nas pessoas, independente da sua condição econômica.

9. ***"As pessoas ricas são desonestas"*** - As estatísticas mostram que a maioria das pessoas ricas NÃO são desonestas; no entanto, a imagem que é passada pela maior parte dos meios de comunicação, é a de que ricos são desonestos e corruptos. Isso possivelmente acontece devido ao fato de nos sentirmos atraídos por notícias negativas. Sendo assim, poucas vezes a honestidade é motivo de matéria jornalística. Sem dúvida, transmitir coisas ruins normalmente dá mais ibope, sendo uma estratégia utilizada por grande parte dos meios de comunicação. Mas o importante aqui é esclarecer que a sua condição econômica não define o seu caráter. A desonestidade é um desvio de caráter, que independe de classe social ou de quanto dinheiro uma pessoa possui. Sem a menor sombra de dúvida, posso afirmar que a maior parte das pessoas ricas e prósperas que conheço são corretas, justas e honestas.

10. ***"Os ricos são egoístas e só pensam no seu próprio bem"*** – Para ganhar dinheiro é necessário dar algo em retribuição ao dinheiro que se deseja. Você pode dar conhecimento, tempo ou outras coisas em troca do dinheiro, mas perceba que é uma troca. As pessoas estão dispostas a dar dinheiro para quem satisfaz suas necessidades e desejos. Aliás, não é pecado pensar em si, afinal, apenas estando bem consigo mesmo é que alguém poderá ter condições de ajudar os outros. Acredito muito na ideia de que a vida te devolve aquilo que você gera. Grande parte dos ricos estão envolvidos em causas sociais e contribuem significativamente para com estas causas. O mais interessante, e que venho observando ao longo dos anos, é que a maior parte das pessoas que se tornaram verdadeiramente ricas, já

participavam de clubes de serviços, ações de voluntariado, entidades filantrópicas ou de alguma forma já contribuíam ou se preocupavam com causas sociais, antes mesmo de se tornarem ricas. Assim, para manter uma vida próspera, não se trata apenas de adquirir conhecimento, descobrir habilidades e desenvolver competências, sendo necessário ainda perceber o quanto bondade e generosidade são fatores que contribuem significativamente para gerar empatia, *network* e atrair prosperidade.

11. ***"É pecado ser rico"*** - Uma pessoa pode ter muito dinheiro e dedicar atenção ao seu desenvolvimento espiritual. Prova disso, são aqueles tementes a Deus, descritos na Bíblia, e que são simultaneamente muito ricos (como Abraão, Isaac, Jacó, Rei Davi, Rei Salomão, etc.). Se tornar-se rico fosse algo ruim, Deus não concederia riquezas aos justos. Não tenho dúvidas de que não existe pecado algum em ser rico, desde que a riqueza seja ganha e utilizada com justiça e sabedoria.

12. ***"Somente os pobres vão para o Céu, pois como dizem é mais fácil um camelo passar pelo buraco de uma agulha do que um homem rico entrar no céu"*** - Obviamente que cada pessoa tem a sua fé, e devemos respeitar isso, mas estou seguro de que na visão do Cristianismo, para alcançar o paraíso, o que importa é a bondade, a fé, o amor e o cumprimento da palavra de Deus, e não a condição econômica da pessoa. Provavelmente você não sabe, mas na época em que a metáfora do camelo e da agulha surgiu, a porta em Jerusalém, pela qual as pessoas e os camelos entravam depois do pôr do sol, chamava-se justamente "agulha". Acontece que para os camelos entrarem, tinham que se ajoelhar (o que é fácil para este animal), e também era necessário deixar a carga que transportavam para fora. Isso passou a significar que os homens ricos poderiam entrar no céu, mas não teriam como levar seus bens materiais junto consigo. Não faz sentido acreditar que, espiritualmente, seremos

medidos pela riqueza ou pobreza e não pela fé, obras realizadas e amor.

13. ***"Quanto mais riqueza tiver, menos há para os outros"*** - Na realidade, é justamente ao contrário, pois quando alguém fica mais rico, acaba aumentando a possibilidade de colaborar no crescimento da riqueza dos outros. Tornando-se uma pessoa rica, além de servir como exemplo para as demais, ela pode colaborar em projetos sociais, transmitir conhecimento de forma gratuita, gerar empregos e tributos monetários.

14. ***"Não existe dinheiro fácil"*** - Qual é o ativo mais abundante e disponível no mundo atualmente? Prata, arroz, sal, ouro, açúcar, soja, algodão? Reflita um pouco antes de continuar sua leitura e responda mentalmente esta pergunta. Caso você queira comprar todo o arroz do mundo, possivelmente não consiga, mas perceba que se o governo dos Estados Unidos estivesse disposto a comprar todo o arroz do mundo, possivelmente conseguiria. Eles simplesmente investiriam uma parte de sua reserva financeira e comprariam todo o arroz do mundo. Da mesma forma poderiam fazer com o açúcar, o sal, ou qualquer um dos demais ativos existentes. Então reflita comigo: isso significa que existe uma quantidade de dinheiro muito maior do que a de qualquer outro ativo que você possa ter pensado ao ler minha pergunta. E se dinheiro é o ativo em maior quantidade, será que de fato ele poderia comprar todos os outros ativos? Sim, é exatamente isso que está acontecendo neste exato momento. O item mais transacionado no mundo, ou seja, que é dado em troca de qualquer outra coisa, é exatamente o dinheiro. Sendo o dinheiro o ativo em maior quantidade e que mais circula no mundo, consequentemente é o mais disponível também. Todas as pessoas, em algum momento, utilizam o dinheiro. Perceba que até aquele pedinte, que fica no sinaleiro, ou supostamente cuidando do seu carro, costuma ganhar

algumas moedinhas, ou seja, dinheiro é sim o ativo mais disponível e mais abundante no mundo. Sendo assim, se o dinheiro é o ativo que mais circula, sendo extremamente disponível e abundante, porque a maioria das pessoas não possui a quantidade que gostaria? Ou pior, porque muitas pessoas ainda mantém a crença de que ganhar dinheiro é algo difícil? Será que o mundo é injusto? Acredito que não! O que estou escrevendo aqui, talvez não seja muito simpático, mas se você realmente acredita que não existe dinheiro fácil, sem dúvida o problema está em VOCÊ! Aliás, se você ainda não está convencido de que dinheiro é o ativo mais abundante do mundo, pense no caso da Apple, por exemplo. Trata-se de uma das maiores empresas de tecnologia que conhecemos, com um faturamento bilionário, mas mesmo assim, mesmo figurando entre as empresas mais valiosas do mundo, ela poderia ser vendida, ou seja, ela poderia ser trocada por dinheiro. Portanto, observe que mesmo as coisas mais caras do mundo, podem ser trocadas por dinheiro. Então retorno a pergunta. Se o dinheiro é o ativo que mais circula, sendo extremamente disponível e abundante, porque a maioria das pessoas não possui a quantidade que gostaria? Porque a Apple consegue atrair dinheiro e faturar bilhões? Simplesmente porque ela entrega algo que as pessoas querem e precisam, gerando valor para o mundo. Se você não está recebendo o valor que gostaria, talvez seja porque não está entregando valor suficiente para o mundo. Acredite: o mundo está mudando e nunca foi tão fácil ganhar dinheiro. Tenho amigos que ganham muito dinheiro com as coisas aparentemente mais improváveis, como, por exemplo, criando insetos comestíveis para exportação, degustando bebidas, jogando poker profissionalmente, cuidando de pets, especulando com criptomoedas, produzindo infoprodutos, fazendo trade, entre diversas outras situações. Acredito que a humanidade nunca esteve em um momento tão propício para se empreender e ganhar dinheiro. Nunca, jamais, em tempo algum, foi tão fácil levar produtos, pessoas, serviços ou mercadorias, de um lugar para outro, como é hoje em dia. Nunca foi tão fácil se comunicar e entrar em contato com outras pessoas. Nunca existiu tanto dinheiro circulando e dando voltas pelo planeta. Nunca existiram tantas oportunidades para se empreender e ganhar escala, alcançando um número tão grande de pessoas de forma tão rápida. Não perceber isso, chega a ser uma falta de respeito com as oportunidades que a vida nos oferece. Um dia desses, conversando com um conhecido, comentei a respeito de um investimento que no último ano me rendeu 6% ao mês e ele imediatamente disparou: "Impossível! Tem alguma coisa errada aí, porque não existe dinheiro fácil!" e ainda profetizou: "Cuidado com esse investimento, porque tem alguma coisa errada". Na verdade, a única coisa errada que pude efetivamente constatar, foi a mentalidade, ou o *mindset* sabotador que ele possui. Na atualidade, existem milhares de formas de se investir e ganhar dinheiro. Obviamente que todas as formas possuem algum risco, maior ou menor, mas ressalto que a maioria delas é extremamente simples e acessível. Qualquer pessoa que compreenda o funcionamento da economia, estudando um pouco do mercado e buscando educação financeira de qualidade, pode facilmente encontrar investimentos com retornos incríveis. Também é importante dizer que quando você faz algo que gosta e assim se realiza profissionalmente, acaba inevitavelmente percebendo que empreender e ganhar dinheiro é muito mais fácil do que a maioria das pessoas imagina. Além disso, desenvolvendo seus dons, talentos e habilidades para criar produtos ou serviços que beneficiem o maior número de pessoas, fará com que ganhar dinheiro se torne cada vez mais fácil para você. Acredite: Existe sim dinheiro fácil.

Para mudar as crenças:

1° - Identifique as crenças sobre dinheiro. De quem são? São suas ou são falas de seus pais? Se for dos seus pais, livre-se disso, senão você irá continuar repetindo estes comportamentos que prejudicam sua saúde financeira. Liberte-se desses preconceitos.

2° - Avalie os seus sentimentos em relação ao dinheiro e perceba o quanto isso está ligado à sua atual situação financeira (dívidas, por exemplo). Através da reflexão, é possível perceber a necessidade de mudar. A mudança precisa ser clara e internalizada, senão você voltará a cair em armadilhas.

3° - Imagine o dinheiro como uma poderosa energia de troca. Para recebermos essa energia, precisamos oferecer algo por ela. O dinheiro deve ser positivo em sua vida. Negativo são os pensamentos de avareza, ganância, obsessão por poder, mas não o dinheiro em si. Precisamos aprender a lidar com os conteúdos psicoemocionais que projetamos no dinheiro.

E vamos rumo às mudanças!

Não escolha seus amigos pela quantidade de dinheiro que tenham. Mas por favor, nem todos precisam ser pobres!

Uma das formas de atrair a riqueza é gostar daquilo que ela proporciona e dizer isso aos outros e a si mesmo. Mas quando uma pessoa começa com a hipocrisia de criticar as coisas materiais porque sente inveja, ou simplesmente acredita que isso a afasta de Deus, obviamente não vai atrair e nem conquistar nada. Não compreendo de onde algumas pessoas tiram estas ideias absurdas de que a riqueza pode afastar alguém de Deus. Eu quero é que todos nós possamos explorar nossas capacidades e assim possamos ajudar as pessoas, com a maior determinação possível, sem simplesmente nos flagelarmos pelo que não temos, ou por quão injusta a vida já possa ter sido conosco. A vida é como é, e as coisas simplesmente acontecem, sendo fenômenos cuja importância não está no que aconteceu, mas sim na maneira como interpretamos aquilo que aconteceu, ou seja, no sentido que lhe damos.

Sinto-me obrigado a repetir que podemos usar o poder do dinheiro em favor das pessoas menos favorecidas, por exemplo, ou em favor da sociedade, em favor dos nossos amigos, em favor da nossa família e, é claro, em favor de nós mesmos.

Mas lembre-se que conforme já mencionado anteriormente, quando nosso espírito descobre seus dons e passamos a utilizar nossas habilidades para resolver problemas de outros seres humanos, conseguiremos ajudar pessoas e ao mesmo tempo gerar riqueza, tornando a prosperidade virtuosa. Isso significa que quanto mais pessoas ajudarmos com nosso propósito de vida, mais prósperos tenderemos a nos tornar.

Se alguém tem o desejo genuíno de mudar sua vida, melhorá-la e gerar riqueza para si e para as pessoas que o rodeiam, deve começar analisando sua mentalidade, seu *"mindset"*, para reconfigurar a maneira como enxerga as circunstâncias do seu entorno e a forma como se expressa sobre elas. Não se trata de fugir da realidade, mas sim de criar uma que permita seguir um objetivo de vida profundo e motivador.

Alguém que sempre vê o mundo como um obstáculo permanente para alcançar qualquer propósito, acaba enxergando as coisas de uma maneira diferente de alguém que tenha como objetivo realizar grandes coisas. Enquanto a maioria das pessoas encara um fato negativo simplesmente como algo ruim, as pessoas brilhantes buscam encará-lo sempre que possível como um aprendizado ou uma oportunidade que a vida colocou em seu caminho para que compreendessem algo.

Uma pessoa comum, normalmente passa a vida se lamentando e perguntando "por que eu?", enquanto uma pessoa brilhante, ou seja, alguém que se lança sem temor à conquista da riqueza e da prosperidade, sempre se pergunta "para que aconteceu?", e assim enxerga oportunidade onde aparentemente só existe adversidade. Queixar-se pode ser humano, mas adaptar-se é essencial.

Ser demitido, falir uma empresa, ter uma ideia que não deu certo, podem ser experiências necessárias no caminho do sucesso. A palavra fracasso não faz parte do dicionário de uma pessoa brilhante, sendo substituída por experiência, aprendizagem e formação; jamais fracasso.

O que estou tentando explicar nos últimos dois parágrafos é algo que faz parte de um conceito fundamental sobre o qual baseio minhas palestras quando falo sobre este assunto, que é a ideia de alavancagem. Podemos dizer que o "por que eu?" nos transforma em vítimas, enquanto o "para que aconteceu?" nos abre portas. Alavancar-se, na terminologia financeira, está ligado a endividar-se, conseguindo recursos emprestados para realizar algo, tomando um crédito, por exemplo, para se conseguir capital. Isso é alavancar-se na acepção tradicional. Tenho dado um novo significado a esta palavra, para referir-me a alavancagem como sendo aquela qualidade de aproveitar coisas que em princípio as pessoas acreditam serem impossíveis de aproveitar, como, por exemplo, uma doença, uma demissão, uma separação, uma perda econômica, uma falência. As pessoas que desenvolvem uma atitude de ferro, que se alavancam na vida, aproveitando tudo o que lhes acontece, inclusive, repito, coisas que aparentemente não seriam suscetíveis de se aproveitar, irradiam uma energia individual diferente e poderosa. Sua determinação para ser diferente e progredir, é a semente do seu sucesso.

Já sabemos que 10% das pessoas do mundo ganham 90% da receita mundial; então, se é verdade que você deseja estar dentro desta minoria (o que pode ser uma vontade genuína e de direito), precisa começar a diferenciar-se da maioria. Em um mundo como o atual, em que todos querem parecer "normais", você precisa ser tudo aquilo que nasceu para ser; precisa ter personalidade para ser quem realmente é, sem imitar ninguém. Quando você é diferente e expressa o que sente, algumas pessoas vão se sentir incomodadas, mas você não deve dar importância a estas pessoas. As pessoas que realmente importam, deverão ficar felizes, porque você está se desenvolvendo como ser humano e expressando suas vontades ou ideias.

Qual é o problema de levar uma "vida normal"? Que seus resultados serão normais, suas experiências serão normais e suas receitas serão normais! Tudo que é normal se esquece; já o que é brilhante, torna-se inesquecível.

Devemos aprender a criar personalidade própria, deixando de ser cópias uns dos outros. Você deve procurar diferenciar-se como pessoa e perceber-se como um produto. Imagine que todos somos produtos, e assim como um produto raro, ou um produto único, tem mais valor, você como pessoa deve ser único e, portanto, diferenciando-se terá mais valor, pois se fizer o que todos estão fazendo, se vestir como todos se vestem, assistir o que todos assistem, escutar o que todos escutam, falar do que todos falam, se transformará em um produto comum, um *commodity*, um bem essencial, uma matéria prima, e portanto, será remunerado como tal, pobremente. O valor não está naquilo que é abundante, mas naquilo que é raro, escasso e singular.

Partamos do princípio de que as pessoas que desenvolvem hábitos de ricos e são livres financeiramente, não podem depender exclusivamente de um salário, normalmente desenvolvendo mais de um tipo de atividade. Em muitos casos, essas pessoas iniciam sua vida profissional como assalariadas, mas logo passam a realizar outras atividades, gerando receitas com negócios e investimentos. Mas o fator fundamental, que diferencia as pessoas brilhantes, é que possuem personalidade e são únicas, singulares. Gerar receitas adicionais a um salário, para quem deseja conquistar liberdade financeira, é absolutamente necessário neste processo, e para isso é imprescindível deixar para trás os temores que amarram as pessoas a uma aparente sensação de segurança e tranquilidade dentro de uma zona de conforto. Submeter-se a situações difíceis, bem como estabelecer metas altas e ambiciosas, fará com que você se esforce mais e descubra do que é feito realmente, fazendo surgir o lado brilhante que existe dentro de você. Assim que descubra o que coloca fogo em seu interior, aquilo que o faz ferver cada vez mais, enfim terá encontrado seu talento e o seu "propósito de vida".

Como você pode descobrir quem é? Como você sabe se é um simples *commodity* ou se realmente é um produto especial e que fará diferença? Basta refletir se você transmite conhecimento e acrescenta alguma coisa à vida das pessoas quando conversa com elas, ou se você normalmente fala o mesmo que todos estão falando, se lamentando, queixando, reclamando. Pessoas especiais são aquelas capazes de deixar o rebanho e seguir novos caminhos, fazendo a diferença e contagiando todos, por onde passa, com sua energia positiva.

Quando existe um produto maravilhoso, que se diferencia da concorrência, todos vão desejá-lo. Da mesma forma ocorre com as pessoas. Algumas pessoas são capazes de sair do rebanho, e com sua persistência e tenacidade, conseguem se destacar das demais, o que é o primeiro passo para atrair a riqueza. Como podemos nos diferenciar então? Inicialmente sensibilizando as pessoas e despertando emoções. Não existe nada mais viciante que o emocional, que o imaginativo, que o sensual, que o interessante, que o chamativo. Pergunte-se quanto de paixão você transmite quando conversa com as pessoas, quando realiza uma apresentação, quando cumprimenta alguém, quando simplesmente se senta em algum lugar para que te vejam. Você não é o que faz, mas sim o que provoca e o que desperta nos outros. A paixão é contagiosa, mas você só sente e transmite essa paixão quando possui uma razão de vida, que seja suficientemente poderosa, para motivar essa energia; portanto, quando possui um propósito de vida sólido e sincero. Ser brilhante, que poderia ser o sinônimo de ser extraordinário, não é simplesmente acumular dinheiro ou riquezas como objetivo de vida, mas sim identificar e desenvolver aquilo que é o motivo pelo qual você veio a este mundo, beneficiando outras pessoas e tornando elas mais felizes. Eureka! Assim é como chegará o dinheiro! Tenha milhões de pessoas apaixonadas pelo que você faz, pelo seu produto ou serviço, e pronto; ao mesmo tempo em que estará ajudando os outros, você transbordará de prosperidade, riqueza e felicidade.

Impacta a milhões e receberá milhões.

Desde o momento em que você se apresenta, desde o instante em que abre a sua boca e conversa com outras pessoas, falando sobre você mesmo e sobre o que faz, a forma como dá as mãos, olha, se veste, sorri ou não sorri, caminha, ou seja, como se comporta e transmite os seus sinais corporais, você está criando empatia ou não, sendo esta a forma como vende a sua imagem para o mundo. Da nossa linguagem, sete por cento são palavras, trinta e oito por cento é o tom de voz e cinquenta e cinco por cento é a fisiologia (como movemos as mãos, os ombros, os olhos e todos os outros movimentos corporais). Os gestos e palavras que você utiliza diante dos demais é que farão com que seja um produto necessário, um produto indispensável, um produto desejável ou um produto que não interessa a ninguém. Qual destes produtos você prefere ser?

É provável que você tenha respondido que deseja ser um produto indispensável, singular e altamente valorizado, e que preferencialmente isso produza riqueza e prosperidade para você. Porém, não basta apenas desejar. Você precisa decretar isso. Significa acreditar e afirmar com toda certeza que você chegará a ser o que deseja, mas não daqui a algum tempo, não em um ano, em meses ou em dias, mas sim a partir de agora.

Sua linguagem precisa ser assertiva diante dos demais, tanto para fora, quanto para dentro, especialmente nas palavras que utiliza para falar consigo mesmo. A linguagem que utilizamos diariamente, para definir nossos objetivos e a forma como enunciamos o que vamos conquistar, faz uma grande diferença entre as pessoas que são brilhantes e as que não são.

"Quer você acredite que consegue fazer uma coisa ou não, você está sempre certo."

Henry Ford

Façamos um exercício. Alguém pode dizer: "Desejo viajar com minha família para a Europa no futuro". Tudo bem, isso não é nada mal, certo? Sem dúvida é uma boa intenção. Mas observe a diferença radical, se essa mesma pessoa decreta e define seu propósito desta maneira: "Viajarei com minha família para a Europa em julho do próximo ano, em primeira classe, e teremos as melhores férias que jamais havíamos sonhado". As palavras são muito poderosas, e somente se nos apoiarmos nelas para afirmar nossos propósitos, é que iremos transformar nossos desejos em realidade. Você precisa acreditar e usar as palavras certas com o seu cérebro, para que ele encontre o caminho e as alternativas de como chegar lá.

É indispensável enviar mensagens de abundância sempre, tanto a nós mesmos como aos demais, sempre de forma assertiva, eliminando palavras que plantem dúvidas, incrementem medos ou freiem nossa ação. Isso é chave na geração de riqueza e gostaria de ter aprendido isso antes em minha vida, mas o importante é que aprendi e agora posso compartilhar com você a importância disso.

No meu caso, como você já deve saber, a Programação Neurolinguística (PNL) foi uma ferramenta excepcional, para clarificar minha linguagem e me tornar consciente de que a forma como eu enunciava o que me propunha a fazer, influenciava de maneira direta para que as coisas dessem certo ou não. Meus pensamentos e palavras alteravam diretamente a forma como eu percebia a realidade. Descobri que tinha uma voz interior, assim como você também a tem, que impunha freios às minhas ações e constantemente sabotava meus desejos e minha própria vida. Batizei e coloquei um nome nesta voz interior, negativa e tóxica, passando a chamá-la de "Nilda". Foi um nome escolhido ao acaso, derivado de "Chato*NILDA*", que serviu para que cada vez que os meus pensamentos fossem invadidos com seu pessimismo, eu pudesse calá-la e dominá-la. "Nilda" também era o temor que me fazia paralisar e não me deixava seguir em frente em algumas ocasiões. "Nilda" é a voz que diante das crises repete que tudo esta perdido; aquela voz que diz para ficarmos em nossa zona de conforto, ou na comodidade de um emprego que não gostamos; aquela voz que nos convence a aceitar continuar fazendo algo que não nos satisfaz, ganhando pouco, nos fazendo acreditar que não temos capacidade para fazermos algo melhor e que se mudarmos morreremos de fome. É a voz que diz "você não é capaz de fazer isso ou aquilo", a voz da culpa e da resignação; é a voz que grita: "não faça isso, porque vão falar de você". É a voz que manda ficarmos quietos, aceitarmos tudo e não corrermos riscos porque poderemos fracassar.

Todos nós temos uma voz interna como a "Nilda", e precisamos silenciá-la se realmente decidimos mudar de vida, para conquistar nossos sonhos e termos prosperidade. Talvez neste momento você esteja pensando: "Mas como eu posso silenciar esta voz?". Quando expandimos nossa autoconsciência, fortalecemos nosso autoconhecimento, pensamos positivo e passamos a acreditar em nós mesmos, nos tornando maiores como pessoas, e assim essa voz se cansa de competir. Quando tivermos grandes ideais, uma forte motivação, um propósito de vida identificado, que reflita nossas forças, dons, talentos e habilidades, perceberemos que a exigência com nós mesmos será tão grande, a vontade de superar-nos será tão vigorosa, o desejo de realizar nossos sonhos será tão forte, que a "Nilda" se fará cada vez menor, até desaparecer completamente.

Vamos voltar, por um momento, ao processo de descobrir os talentos e habilidades pessoais. Essa etapa é muito importante! Suponha que você refletiu sobre tudo aquilo que o diferencia dos demais, tendo identificado os talentos e habilidades que possui, e que podem transformar você em um produto maravilhoso, com valor essencial para o mundo. Então chegou a hora de utilizar estes talentos e habilidades que descobriu. O próximo passo é mostrar para as pessoas aquilo que você é capaz de fazer, passando a utilizar estes talentos e habilidades, de forma que se tornem rentáveis.

Quantas pessoas você consegue atingir com o que faz? A quantos você inspira com o seu talento? Se a resposta for "a ninguém", "a muito poucos" ou "não sei", talvez esteja aí a razão que explica o pouco dinheiro que atualmente você tem, bem como uma situação financeira difícil. Muitos negócios fracassam e muitos empreendedores falham simplesmente por desconhecer esta verdade. A princípio, as pessoas costumam vender seus produtos ou serviços a familiares e amigos, que com entusiasmo compram para apoiar a nova ideia, a nova ilusão. Mas, e depois? O mercado se esgotou e não tem mais para quem vender?

Isso nos leva a concluir que, para ser rico, é indispensável saber comunicar este talento, produto ou serviço ao maior número de pessoas possível. Apoie-se na tecnologia, utilizando a internet, as redes sociais e o seu grande poder de divulgação. Você pode chegar a muitas pessoas, inclusive enquanto dorme, pois já existem tecnologias disponíveis para fazermos muitas coisas de forma automatizada e sem a necessidade de estarmos de corpo presente. Mostre seu talento ao maior número de pessoas e não hesite em fazer isso. Se possuir uma empresa, coloque-a na internet. Se souber fazer alguma coisa que os outros não sabem, ou possuir um diferencial competitivo, anuncie na internet. Não subestime seu talento e não subestime a sua capacidade, pois certamente existem milhares de pessoas no mundo que o necessitam. Após descobrir o seu propósito de vida, mostre aquilo que faz e promete, mostre ao mundo seu produto ou serviço e crie testemunhas do seu talento. Essa ação atrairá clientes, lhe dará autoridade e consequentemente lhe trará prosperidade, tornando também melhor e mais feliz a vida das pessoas que sejam beneficiadas pelo seu produto, serviço ou talento, criando um círculo virtuoso e multiplicando os efeitos positivos relacionados ao seu propósito de vida. Ser brilhante não é acumular dinheiro, mas sim descobrir seu propósito de vida e transformar tanto a sua própria vida como a das outras pessoas, utilizando seu talento para isso. Investir nas suas habilidades é investir em você mesmo, ao mesmo tempo em que investe nos demais, que de alguma forma serão beneficiados, direta ou indiretamente. Aprenda a vender seu talento, suas ideias e sua imagem.

Enquanto você continuar acreditando, que vender é uma questão para os outros e não para você, sua renda será limitada.

Recapitulando o que tenho afirmado até agora, ser "brilhante" é o resultado de uma decisão pessoal de responsabilizar-se pelo próprio destino, aproveitando os talentos que temos, em benefício próprio e dos demais seres humanos, passando a perceber que podemos nos ver como um produto e que é importante nos apoiarmos no poder transformador da linguagem.

O autor americano, Seth Godin, apresenta em um de seus livros uma metáfora, para explicar a importância de nos diferenciarmos. Seguindo sua ideia, imagine agora que você está passeando por um caminho e de repente vê muitas vacas, sendo a maioria delas brancas com manchas pretas (malhadas). Inicialmente você pensa: "quantas vacas" ou "que vacas bonitas". Mas então você continua caminhando e as vacas brancas com manchas pretas vão se tornando parte da paisagem, todas praticamente iguais e uniformes. Depois de algum tempo, o cenário se torna desinteressante. Em que momento algo chama a nossa atenção novamente? Quando aparece subitamente uma vaca diferente de todas as demais, uma vaca roxa, que parece ser simplesmente extraordinária.

A lição que devemos aprender com esta metáfora, é que o normal torna-se desinteressante, sendo indispensável diferenciar-se. No entanto, eu vou um passo adiante, dizendo ainda mais: acredito que o normal acaba sempre desvalorizado, ficando para trás, sendo facilmente esquecido. Apenas uma decisão pessoal de diferenciar-se pode mudar esta situação, permitindo que surjam coisas extraordinárias. Se você faz exatamente o que todos fazem, seus resultados serão iguais aos da maioria e você será apenas mais um na multidão, sem cor, sem destaque, sem brilho. Imagine agora as vacas brancas com manchas pretas como as pessoas normais, ou seja, como a grande maioria, e perceba que as vacas roxas são como as pessoas brilhantes. Eu vejo a imensa quantidade de pessoas comuns como um incentivo para ser cada vez mais brilhante. Como já afirmei anteriormente, as pessoas brilhantes não se queixam, elas se alavancam na vida, aproveitando tudo o que lhes acontece, inclusive, coisas que aparentemente não seriam suscetíveis de se aproveitar, irradiando uma energia individual diferente e poderosa. Sua determinação de ser diferente e progredir, é a semente do seu sucesso. Uma pessoa brilhante deixa sempre uma mensagem por onde passa, e melhora a vida das pessoas, distribuindo conhecimento e sabedoria. Por isso, quando me perguntam se todas as pessoas que possuem muito dinheiro são brilhantes, eu respondo que não. Se apenas ter dinheiro fosse importante, então todos os endinheirados seriam brilhantes; mas não são. Ser rico de verdade não se resume a uma condição monetária, mas sim a um estado de espírito, a um estilo de vida diferenciado, onde a forma de se comunicar, pensar e agir é o que torna uma pessoa brilhante e a mantém em prosperidade perene. Compreenda que o meu interesse ao escrever este livro, não é apenas que você fique rico; afinal, se você ficar rico sem ter se tornado um ser humano melhor, não será uma pessoa brilhante, não será extraordinário. Eu desejo que você impacte as outras pessoas, que transcenda e que influa. Quero que tenha muita prosperidade e riqueza, mas que esse seja apenas o resultado do motivo pelo qual você veio ao mundo, que seja apenas o resultado do seu mérito e propósito de vida. Portanto, não se concentre no dinheiro, que é apenas o resultado, mas sim no propósito da sua vida, pois ele o levará ao resultado. Em minhas palestras, uma das coisas que normalmente me chama a atenção, é quando as pessoas dizem acreditar que o seu único objetivo de vida é enriquecer. Para essas pessoas, costumo dizer que, enriquecer não deve ser um objetivo de vida, mas sim a consequência lógica e natural de desenvolver seus próprios dons e talentos em benefício de outros seres humanos. Imagine os seus dons e talentos como presentes, que você trouxe para entregar ao mundo e que são os principais responsáveis por torná-lo próspero e abundante. Concentrando-se apenas em um benefício pessoal, sem pensar nos demais, sem ajudar, sem servir, certamente os alcances do seu progresso serão muito limitados. As conquistas chegam em proporções inimagináveis, quando nosso propósito de vida se transforma quase em uma obsessão, da qual milhões de pessoas acabarão se beneficiando.

Capítulo 09

OS SALTOS QUANTICOS

Na Física Quântica, quando uma partícula, que está num determinado nível energético, ganha uma quantidade extrema de energia, ela salta para um nível mais alto. Esse salto é chamado de Salto Quântico. A ideia aqui é de um crescimento ultra acelerado para a sua vida, como você vai compreender no decorrer deste capítulo.

Em minhas palestras e nas seções de coaching que realizo, dou muita ênfase à necessidade de identificar dons, talentos e descobrir ou desenvolver propósitos de vida, como requisitos fundamentais para ser verdadeiramente próspero. Não me canso de repetir, que ser rico não é simplesmente acumular dinheiro. Enriquecer é a consequência lógica de possuir hábitos de prosperidade, educação financeira, uma mentalidade focada em crescer como pessoa e, principalmente, a capacidade de rentabilizar ou monetizar os talentos que você possui. Além disso, devemos vencer nossos medos e buscar saltos quânticos em nossas vidas.

Na nossa cultura está muito difundida a ideia de que as metas devem ser conquistadas "passo a passo", e desta forma, devemos ser pacientes e esperar conformados até que surjam as condições pessoais e externas para que se tornem realidade nossos sonhos. Mas essa forma de pensar não coincide com a mentalidade de quem possui os hábitos dos ricos. O "passo a passo", realmente seria muito interessante se vivêssemos 500 anos, mas esta não é a realidade a que estamos expostos. Ser uma pessoa rica não é de forma alguma sinônimo de conformismo, parcimônia e comodismo. Muitos imaginam que os ricos vivem apenas no modo curtição, sem pensar em nada, passeando pelos shoppings, deitados tomando sol na beira da piscina, viajando, jogando golfe, porque eles já alcançaram suas metas. Mas na verdade não é assim. Comumente vemos os ricos em atividades agradáveis, porque eles sabem utilizar da melhor forma possível o seu tempo produtivo e estão acostumados a criar ativos, que possam gerar cada vez mais riqueza, de forma menos trabalhosa. Os verdadeiramente ricos, possuem objetivos cada vez mais ambiciosos, sabendo onde ir ou o que fazer para gerar maiores entradas de dinheiro; desta forma sendo capazes de obter aquilo que desejam. Além disso, pessoas com mentalidade próspera, estão focadas em suas próximas metas e em seu propósito de vida, sabendo ganhar dinheiro inclusive enquanto dormem ou se divertem, porque sua determinação é tão poderosa que acaba obrigando-os a maximizar suas qualidades. Estas pessoas sabem que a geração de riqueza, prosperidade e abundância, não requer sempre sua presença física, pois devem ocupar parte do seu tempo aprendendo mais, fazendo network, recarregando as energias, fazendo novos planos e criando novas estratégias.

Uma vez que, para desenvolver os hábitos de prosperidade, é necessário buscar modos de vida que o diferencie dos demais, o oposto seria seguir caminhando o "passo a passo", como a maioria das pessoas faz. Considero o "passo a passo", praticamente sinônimo do "vamos esperar para ver o que acontece", ou seja, o caminho mais cômodo, uma receita para quem tem medo de arriscar e para aqueles que se conformam com uma vida comum, sempre presos à sua zona de conforto. Para estas pessoas, qualquer tipo de mudança é um horror, por isso acabam vivendo presos a qualquer falsa sensação de estabilidade, onde caso algo inesperado aconteça, se afundam na angústia, no medo e no desespero. Enquanto isso os ricos seguem mudando e avançando para outros níveis; mas não simplesmente para um próximo nível acima daquele onde estão, senão a outros níveis cada vez mais e mais altos. Se o "passo a passo" marca um ritmo lento e pausado, aonde vamos de 1 a 2 e de 2 a 3, e assim sucessivamente, esperando por muito tempo entre cada degrau, é possível que fiquemos velhos e ainda a espera daquilo que desejamos.

Há muitos anos adquiri o hábito de ler no mínimo um livro por mês, e os meus temas preferidos sem dúvida são os que falam sobre autoconhecimento, qualidade de vida, dinheiro, economia, finanças, liberdade financeira, corpo e mente. Desta forma, conheço boa parte dos autores que escrevem sobre estes assuntos, e no que se refere aos gurus das finanças pessoais, posso dizer que respeito os adeptos da "mágica dos juros compostos", bem como aqueles que explicam que, com muita economia e disciplina qualquer pessoa pode ficar rica dentro de 20 ou 30 anos; mas não concordo integralmente com eles. Imagine que você precise comer, durante 30 anos, apenas uma comida que odeie, para quem sabe, somente após todos esses anos, possa comer algo que realmente goste. É mais ou menos algo similar a isso o que muitos propõem. Aliás, basta ler a biografia de todos os homens mais ricos do mundo, para ter a certeza de que a maioria deles não trilhou por este caminho. Em geral, os autores que sugerem o uso dos juros compostos, falam que após algumas décadas, você pode se tornar um milionário, mas você sabe o que isso significa? Alguém realmente ainda acredita que em 2020, enquanto escrevo este livro, um milionário, ou seja, alguém que possui um milhão de reais, pode ser considerado verdadeiramente rico? Quando falo de riqueza neste livro, imagino alguém que tenha alcançado a liberdade financeira, ou seja, possa manter um padrão de vida alto, sem depender necessariamente de um trabalho. Mas será que um milhão de reais, valor que tecnicamente o tornaria um milionário, pode proporcionar isso? Acredito sinceramente que não. Caso você possua um milhão de reais investidos no sistema financeiro convencional, conseguindo uma aplicação com retorno bruto de 1% ao mês, descontados os impostos, você teria menos de 10 mil reais mensais. Talvez para a sua situação atual, este pareça um belo rendimento, mas no meu ver, uma pessoa realmente rica, que precise manter esposa e filhos, goste de viajar para roteiros internacionais, jogar golfe e manter um alto padrão de vida, não conseguiria viver bem com 10 mil reais por mês. Isso significa que, quem tem um milhão de reais, ou seja, um milionário em 2020, não é uma pessoa realmente rica. Mas alguém que tenha muitos milhões, certamente poderá ter liberdade financeira e uma renda maior, que seja compatível com a vida que gostaria de ter, e aí sim pode ser considerado rico.

Escrevo este livro, porque tenho a convicção de que com as crenças certas e o conhecimento adequado, qualquer ser humano pode se tornar um multimilionário, vivendo com muita prosperidade e abundância.

Respeito os amigos que guardam dinheiro para desfrutar de luxos no final da vida, mas acredito que no final, quando já estejamos velhos e cansados, talvez não seja mais possível desfrutar de muitas coisas que gostaríamos de ter feito enquanto ainda jovens. Talvez depois de velhos não tenhamos os mesmos joelhos para andar pela casa que sonhamos em ter, nem para fazer as viagens e caminhar nas charmosas cidades que sonhamos conhecer desde que éramos crianças. Agora imagine você fazendo uma viagem à Europa com seus parentes, mas sem poder caminhar o suficiente pelas ruas charmosas das cidades, sem a visão ideal para ver as belas paisagens ou ainda passando por redutos gastronômicos, sem poder comer nada, porque está com colesterol alto e diabetes. Não espere muito para obter o que sonhou, pois o tempo corre e não volta. Os luxos da vida são comprados quando se tem condição de pagá-los e saúde suficiente para desfruta-los. Se uma pessoa de trinta anos compra uma casa de um milhão de dólares, e outra pessoa de setenta anos compra outra casa, também de um milhão de dólares, o preço que cada um pagou é muito diferente, em virtude de que cada um poderá desfrutar dessa sua casa de uma maneira completamente diferente. O jovem pagou menos, já que a utilizará e desfrutará da casa por mais tempo. Imagine que este jovem ainda viverá por mais 50 anos, ou seja, utilizará a casa por 50 anos, enquanto a pessoa de 70 anos viverá mais 30 anos, ou seja, utilizará a casa 20 anos a menos. Por isso, costumo afirmar, que o preço das coisas nunca é igual para as pessoas, já que o preço também está em função do tempo e da capacidade que cada um terá para usufruir aquilo que conquistou. Quando compro um carro de luxo, viajo em primeira classe ou adquiro um relógio de marca, me asseguro desde o início, e inclusive antes da compra, de apreciar, cheirar, sentir, tocar, aquilo que compro. Desde esse momento, a compra vale a pena, ou seja, desde esse momento, a compra passa a ser rentável e justificável.

ENTENDA: Com isso não quero dizer que não devemos guardar dinheiro para investir, mas sim que devemos dar saltos quânticos, que possibilitem ganhar dinheiro suficiente, para viver e ao mesmo tempo investir. Obviamente, que racionalizar despesas, pode ser uma poderosa fonte de geração de riqueza. Controlando seus gastos e aumentando o seu poder de investir, as pessoas podem ter uma vida melhor no futuro, mas precisamos aprender a dar saltos quânticos, para nos beneficiarmos da relação custo e tempo.

Enquanto não experimente um voo longo na primeira classe, você seguirá acreditando que voar na classe econômica está perfeito. Vá atrás do melhor!

Falo com frequência dos saltos quânticos, sabendo que são o oposto do passo a passo ensinado pela maioria dos gurus de finanças. Descobri em minha própria vida, que é possível passar de um a cinco, sem passar pelo dois, três e quatro. E na sequência de cinco a dez, ou de vinte a cem. Vamos recordar que uma pessoa rica de verdade, primeiramente é capaz de assumir sua própria vida e responsabilizar-se por ela e por seus resultados, e em seguida, também é capaz de reconfigurar sua própria realidade, enxergando-a de outra maneira e passando a construí-la a partir de uma nova perspectiva, deixando de ser afetado mesmo depois de passar por adversidades ou calamidades terríveis. Então, se o seu desejo mais profundo, é ter prosperidade financeira, gerando mais dinheiro do que você obtém atualmente, prepare-se para dar saltos quânticos e deixar agora mesmo de observar, com passividade, como cresce a grama em seu pedacinho de jardim. Chega de focar apenas no pedacinho de grama que você controla, porque se pretende ser rico, e eu desejo que você seja, existe todo um mundo de agora em diante esperando para ser conquistado.

A partir de agora, enquanto lê estas linhas, você deverá decretar em sua vida, que é uma pessoa de mentalidade rica. Quero que desde já você se visualize como a pessoa que quer ser, sem esperar ser efetivamente para comportar-se como tal. Nas redes sociais, tenho repetido que Picasso não esperou ser Picasso para comportar-se como tal. Então não diga que será rico em vinte ou trinta anos, nem que deve esperar se tornar quem gostaria de ser para começar a agir e a comportar-se como tal. A partir de hoje, e como algo irrevogável, repita a si mesmo que já possui uma mentalidade de abundância e que já é próspero. Para conseguirmos tudo aquilo que desejamos, é essencial a forma como vemos a nós mesmos no futuro e como nos comportamos no presente. Então, caso você se visualize de certa maneira no futuro próximo, a partir de agora deve iniciar com as mudanças que te conduzam até lá, não passo a passo, mas sim de imediato. Os saltos quânticos são baseados nas mudanças imediatas de comportamento e de crenças, que produzem experiências extraordinárias, pessoas extraordinárias, livros extraordinários, viagens extraordinárias, diferentes do comum, que apenas mantém as pessoas no caminho do passo a passo.

Quando uma pessoa lhe diga que você pode se tornar milionário em 20 ou 30 anos, responda a ela que prefere os saltos quânticos.

Existe uma grande diferença entre uma pessoa com mentalidade de pobre frente à outra pessoa que desenvolve uma mentalidade de rico. A primeira costuma adiar as coisas e teme as mudanças, esperando sem limites o que tiver que esperar entre o passo um e o passo dois, podendo inclusive tardar uma eternidade para dar o primeiro passo. A segunda, em contrapartida, quer iniciar seus planos o quanto antes, para realizar logo aquilo a que se propõe, pulando as etapas que percebe serem desnecessárias, aproveitando as oportunidades que mudanças podem trazer e compreendendo a importância dos saltos quânticos. Os ricos lembram sempre que a pobreza é a soma de horas mal utilizadas; portanto, maximizam seu tempo, conseguindo chegar mais longe em menos tempo.

Pessoas brilhantes possuem a mentalidade dos ricos, e assim sentem mais urgência em conquistar seus objetivos, devido a um tema que faz parte da vida de todos nós: a morte. A morte serve como um conceito muito interessante para redefinir prioridades e fazer com que as pessoas desejem progredir de maneira mais rápida. Pessoas acomodadas e que deixam tudo para amanhã, são aquelas que, ou desistiram dos sonhos, ou não pensam na morte, deixando de perceber que quando despertarem, talvez já não possam mais realizar seus sonhos. Pense na morte e em como você gostaria de ser lembrado por seus amigos, filhos, netos e outras pessoas próximas quando deixar de respirar. Pense em que condições gostaria de estar e o que gostaria de ter vivido, quando a morte chegar sem avisar. Quando temos um tempo ilimitado para fazer as coisas, nos acomodamos e vamos levando a vida passo a passo, mas quando percebemos que nossos dias estão contados, que não temos todo o tempo do mundo, e que nossa vida é limitada, nos confrontamos e refletimos sobre o que significa o tempo, e como devemos aproveita-lo melhor enquanto estamos neste mundo. Então nos damos conta de que não podemos seguir com a cultura do passo a passo, porque o tempo para viver não é ilimitado e quando passamos a ter consciência disso, passamos a nos preocupar com os saltos quânticos, com o crescimento acelerado, e não com o típico processo gradual.

Em certa ocasião, alguém me perguntou como eu consegui aumentar de maneira rápida e notória minhas receitas e como conquistei a liberdade financeira antes dos 40 anos de idade. Para responder a esta pergunta, após muita reflexão, cheguei à conclusão de que foi graças aos saltos quânticos, os quais só ocorreram porque alterei completamente minhas crenças e valores, passando a compreender meu propósito de vida, bem como o funcionamento de todo o processo de motivação, modelagem e ação. Passei a sentir uma paixão, um motivo consumidor, energizante e quase obsessivo pelas coisas que faço, o que me levou a agir, realizar, crescer e tornar-me cada vez melhor e maior. Sei que a verdadeira resposta para essa pergunta está em diversas partes deste livro, mas talvez dentre todas as informações aqui expostas, posso ressaltar como de vital importância compreender o que é a Programação Neurolinguistica (PNL) e como reprogramar sua mentalidade, seu

"MINDSET". Esta compreensão lhe dará poder para modelar suas percepções, ao invés de deixar que alguém as modele para você. Você faz o que quer fazer, ou cumpre os planos que alguém faz para você? Para mim, o verdadeiro poder é a habilidade de produzir os resultados que desejamos, criando valores para os outros durante o processo. Poder é a habilidade de mudar a sua própria vida, dando forma às suas percepções e fazendo com que as coisas trabalhem a seu favor, e não contra você. Na verdade, a definição mais correta para a palavra "poder", seria "habilidade de agir". Possuir o poder supremo é na verdade possuir a habilidade de definir as necessidades humanas e resolvê-las (tanto as suas necessidades, como as das pessoas que lhe cercam). Trata-se da habilidade de dirigir seu próprio reino pessoal, seu mundo, seu processo de pensamento e o seu comportamento. Assim você consegue atingir com precisão os resultados que deseja.

Nada possui significado algum, exceto aquele que nós lhe damos; portanto é você quem decide como se sentir ou agir, baseado nas maneiras que escolheu para perceber sua vida. As pessoas brilhantes compreendem que a qualidade de suas vidas não é determinada pelo que está acontecendo com elas, mas sim pelo que elas fazem com aquilo que acontece com elas. Após compreender e acreditar que você é capaz de mudar a si mesmo e o mundo que o cerca, você também será capaz de aprender com mais rapidez, comunicar-se melhor, tornar-se mais saudável, ou ganhar mais dinheiro. Para isso, é necessário acreditar que podemos controlar todas as nossas atividades mentais e os nossos comportamentos. Conforme explica o famoso palestrante e escritor internacional Anthony Robbins, no seu brilhante livro "Poder sem limites", se você está deprimido, por exemplo, você criou e produziu esse *"show"*, que chamou de depressão. Mas se estiver eufórico, foi você quem criou isso também. É importantíssimo compreender que emoções como a depressão não acometem você. Não se "pega" depressão. Você a cria, como qualquer outro resultado em sua vida, por meio de ações específicas, mentais e físicas. Para ficar deprimido, tem que se olhar a vida de uma maneira específica. Tem que se dizer certas coisas para si mesmo, nos tons exatos de voz. Tem que se adotar uma postura específica e um modo de respirar. Por exemplo, se você quiser ficar deprimido, ajudará muito deixar cair os ombros e olhar muito para baixo. Atitudes como falar em um tom de voz triste e pensar nos piores momentos de sua vida também ajudarão. Se você provocar distúrbios em sua bioquímica, como consequência de uma dieta pobre, excesso de álcool ou uso de drogas, ajudará seu corpo a ficar com baixo teor de açúcar no sangue, e assim efetivamente garantirá uma depressão. O que pretendo mostrar aqui, utilizando esta ideia explorada por Anthony Robbins, é que é preciso esforço para criar qualquer estado emocional, inclusive a depressão. Como ele aponta, é necessário criar alguns tipos específicos de ação. Algumas pessoas criam esse estado com tanta frequência que, para elas, é fácil repeti-lo. De fato, muitas vezes ligaram esse tipo de comunicação interna a toda espécie de acontecimentos externos. Algumas pessoas conseguem tantos ganhos secundários com isso (atenção dos outros, simpatia, amor e outras coisas), que passam a adotar esse estilo de comunicação como seu estado natural de vida. Outras viveram tanto tempo com isso, que agora se sentem bem assim. Tornaram-se identificadas com o estado. Podemos, no entanto, mudar nossas ações mentais e físicas, e com isso, mudar imediatamente nossas emoções e comportamentos. Você pode considerar o estado de produzir estados emocionais, dirigindo suas emoções internas, semelhante ao trabalho de um diretor de cinema. Para produzir os resultados precisos que deseja, o diretor de um filme manipula o que você vê e ouve. Se quer que você fique com medo, mudará o som e jogará alguns efeitos especiais na tela, no momento certo; se quer que fique inspirado, arranjará a música, a iluminação e tudo que for preciso para produzir esse efeito. Um diretor pode produzir uma comédia ou uma tragédia, a partir do mesmo evento, utilizando os mesmos atores e o mesmo ambiente, dependendo do que decida pôr na tela. Você pode fazer as mesmas coisas na tela da sua mente. Pode dirigir sua atividade mental, que é a base de toda a ação física, com a mesma destreza e poder; pode acender a luz e o som das mensagens positivas em seu cérebro; e pode escurecer as cenas e sons das negativas. Pode, também, dirigir seu cérebro com tanta habilidade quanto um bom diretor dirige suas filmagens.

Primeiramente, a maioria das pessoas não define de uma forma clara qual é o seu objetivo de vida e confunde isso com algo que simplesmente gosta ou acredita que faz bem. Em segundo lugar, estas pessoas não sabem utilizar suas potencialidades de forma permanente, acreditando ser normal que uma pessoa deva utilizar seus dons e talentos apenas como hobby, sem criar riqueza e prosperidade com isso. Em terceiro lugar, não tendo claro seu propósito de vida, a maioria absoluta das pessoas desperdiçam os recursos naturais que possuem, bem como seu tempo e seu dinheiro, gastando ao invés de gerar receita com aquilo que gostam, muitas vezes dedicando-se inclusive a causas de terceiros. Um exemplo seria alguém apaixonado por motos, que entende tudo sobre elas, e que poderia ganhar dinheiro com o que sabe, mas encara sua paixão apenas como hobby; então ao invés de gerar receita com aquilo que gosta e que entende, acaba sempre gastando e assim ficando cada vez mais pobre. Por último, perceba que a maioria esmagadora das pessoas estabelece como motivação coisas como comprar uma casa nova, ter tempo livre, trocar de carro, viajar pelo mundo, ou simplesmente ganhar muito dinheiro, mas isso não é propósito de vida, sendo apenas consequências lógicas de um propósito de vida bem desenvolvido. Desta forma, estimado leitor, fica mais fácil compreender o motivo pelo qual _"a maioria das_

pessoas morre como carvão, mesmo tendo todos os recursos para
morrer como diamante".

A morte então pode ser vista como uma forma de atrair riqueza, na medida em que ao possuir um tempo limitado, aumentamos a sensação de urgência e desejo, condições necessárias para que nossa genialidade aflore e alcancemos resultados inimagináveis. Importante estarmos conscientes disso, para fazer com que as mudanças necessárias em nossa vida aconteçam de forma muito mais rápida, mais acelerada e que não sigamos rendendo culto ao "passo a passo", que fabrica elementos em série, produtos iguais, pensamentos iguais, vacas brancas com manchas pretas, seres normais e não extraordinários.

É comum encontrarmos pessoas que não tem a mínima ideia do que querem de concreto na vida, e nem sabem para onde estão indo. Elas dizem que querem muito melhorar, que rezam todas as noites para que as coisas aconteçam de verdade, mas que nada aconteceu ainda. Quando você pergunta que coisas são essas, elas se atrapalham, gaguejam e não conseguem se expressar. Não conseguem traduzir com clareza qual é o seu objetivo. Passam a vida fazendo o que as pessoas ao seu redor fazem, seguindo a manada.

A história recorda apenas as pessoas intensas, extraordinárias, impactantes, incomuns. O normal está disponível em grande quantidade, sendo rapidamente esquecido.

Mas como ser extraordinário? Como ser verdadeiramente brilhante? Acredito já ter passado várias pistas no decorrer das

116

páginas deste livro. E note que o poder da intenção é inestimável, sendo necessário dar o passo inicial de forma a determinar e decretar mudanças importantes para a sua vida. Poderíamos dizer, por exemplo, que a atitude sozinha não cura um câncer, mas ajuda a lidar com ele de uma maneira melhor, ajudando até mesmo a superar as etapas mais complicadas.

Diferente de uma simples busca por riqueza material, perceba que quando nosso propósito de vida se cumpre de uma forma ampla e transcendental, podemos contar com uma motivação tão forte e poderosa, que nos leva a vencer qualquer um dos medos que um dia tenha nos limitado. Realizando seu propósito de vida, é possível vencer completamente a "Nilda", aquela voz interior que muitas vezes nos freia e que contamina nossos pensamentos com ideias tóxicas e negativas. A esta motivação, me refiro normalmente como "motivação nível dez", que é suficientemente forte e sólida para cortar qualquer temor pela raiz.

Suponhamos que dez é a classificação mais alta que podemos dar e um a mais baixa. Nossa motivação deve estar sempre em dez, para que os defeitos e temores pareçam pequenos frente a essa motivação. Você pode ter defeitos ou temores que até agora tenham te sabotado. Não se preocupe que eles existam, mas ocupe-se em encontrar uma motivação verdadeiramente grande, ou seja, uma motivação nível dez, que anule estes seus defeitos e temores, assim como aconteceu comigo. Com frequência, me perguntam se não tenho medo de falar publicamente sobre temas relacionados à educação financeira e dinheiro; então normalmente respondo que dependendo do público ao qual me dirijo, chego a sentir até um medo, com sete de pontuação. Mas o que importa que este medo seja sete, se minha motivação é dez? Se o meu objetivo de vida é uma chama que não se apaga? Um fogo interno que me conduz com paixão, que me compromete com a palavra servir, e que me faz estar disposto a arriscar minha própria pele, para alcançar meus objetivos. Assim, posso continuar tendo defeitos e medos, mas minha motivação é grande o suficiente para confrontá-los.

Sua atitude, normalmente é o que te leva a descobrir os seus dons, talentos e todas aquelas qualidades que te fazem diferente dos outros; as qualidades através das quais você se destaca. Lembre-se que, conforme já dito anteriormente, todos temos dons e talentos, mas é necessário identificá-los e cultivá-los todos os dias, dedicando a eles boa parte dos seus esforços, regando-os como se fossem plantas, que precisam crescer e se desenvolver cada vez mais. Por isso, recomendo a todos, que invistam a maior parte do seu tempo e dos seus recursos em fortalecer seus pontos fortes. Se um dos meus talentos é a oratória, não posso ficar quieto, devendo me aperfeiçoar cada vez mais nesta área. Se um dos meus pontos fortes é expressar-me bem em público, devo investir na leitura, para conhecer mais palavras e aumentar meu vocabulário. E devemos compreender que diversas áreas se inter-relacionam, sendo necessário sempre ampliar o conhecimento em diversas áreas. No meu caso, por exemplo, mesmo que o tema de uma determinada palestra seja apenas educação financeira, sei que com mais espiritualidade, envio uma mensagem mais transcendental, com mais paixão pelo que falo, chego a mais corações, e é isso que faço, pois estudo, me preparo e não fico quieto. Renunciar a crescer e evoluir no que fazemos de melhor é uma boa forma de estagnar a própria vida; e quem fica estagnado perde seus sonhos, perde seu brilho, jamais conquista o que deseja, retrocedendo sua própria vida. Sem a motivação suficiente, provavelmente outras pessoas ocuparão seu espaço, e você continuará sendo apenas mais um na multidão.

Existem pessoas que irradiam energia, queimam a distância, como se fossem tochas acesas. Pessoas que possuem "sangue nos olhos", cheias de disposição. Tubarões que cheiram o sangue.

Enquanto outras pessoas parecem cubos de gelo, com pouca energia e quase nenhuma disposição, sempre cheios de medos e defeitos que anulam sua motivação e que não as deixam prosperar. Pessoas que se acomodaram e limitaram suas vidas, na crença de que não são capazes de realizar seus sonhos, transformando seus desejos em ilusões utópicas.

Podemos ter medos e todos temos; podemos ter defeitos e todos temos; mas, se minha motivação, minha razão de viver, minhas causas, minha crença na vitória, estão tatuadas em mim com ferro quente, o que importam os medos e os defeitos? Provavelmente colocarei neles uma pontuação abaixo da minha motivação nível dez, a qual os anulará, conforme já expliquei anteriormente. As motivações nível dez, são aquelas que nos permitem dar saltos quânticos, que não são negociáveis e desde já desejo que estejam entre as coisas mais importantes da sua vida.

Escrevo este livro, porque minha motivação em ensinar e divulgar conhecimento é nível dez, sobrepondo completamente os medos de que as pessoas não gostem do conteúdo. O que me faz estar aqui, às cinco da manhã de um domingo, escrevendo estas linhas, é um desejo, uma paixão, um fogo, que me consome na vontade de transmitir aquilo que acredito!

Encontrar as motivações que são nível dez, tem a ver com começar a pensar diferente, falar sobre aquilo que realmente nos interessa, rodear-se de pessoas diferentes, começar a abraçar com palavras vencedoras, possuir grandes perspectivas de vida, estabelecer objetivos que se cumpram em um prazo decretado, que não seja muito longo. Talvez, como motivação imediata, você imagine, por exemplo, algo pessoal: "sair na frente", "progredir na vida", "ser alguém", "ficar rico". Isso tudo é o que escuto com certa frequência, mas preciso advertir que, apesar de serem pensamentos positivos e de certa forma ajudarem você a se sentir melhor, são muito vagos e etéreos. Qualquer um destes pensamentos não é algo diferencial ou que vai mudar sua vida, pois milhões de pessoas pensam dessa mesma forma e querem isso também. Suas motivações devem ser os pilares, sobre o qual seu "propósito de vida" se sustenta, fazendo com que seus sonhos se tornem realidade.

Depois de escrever tudo isso, acredito que estamos de acordo com o fato de que você deve ser diferente da maioria, para se tornar uma pessoa brilhante. Acredito que estamos de acordo que você deve parar de se comportar como a manada. É necessário ser diferente, pensar e agir de forma diferente, para se tornar uma pessoa brilhante. E para ser diferente, você deve refletir profundamente sobre seu "propósito de vida". Para ter prosperidade, você deve identificar os dons, talentos e habilidades especiais que possui, passando a rentabiliza-los e explora-los economicamente. Você precisa encontrar algo que seja seu ponto forte e que lhe permita cumprir seu "propósito de vida". No meu caso, me dei conta de que um dos meus talentos mais fortes é falar em público, conforme muitos já me diziam; então, passei a utilizar este ponto forte para ensinar temas que realmente gosto e conheço, como educação financeira e crescimento pessoal, passando também a criar conteúdos, cursos e palestras. Sinto uma motivação nível dez, para ensinar o maior número possível de pessoas a expandir sua autoconsciência, buscar o autoconhecimento, aprender a lidar com sua mente, melhorar seus hábitos financeiros e alcançar um nível de prosperidade integral. Nesse caso, passei a compreender que o meu propósito de vida está diretamente relacionado a ajudar as pessoas alcançarem níveis de bem estar, que as tornem mais felizes.

Quando alguém possui uma motivação nível dez, você nota pelo olhar, e quando fala com ela, percebe sua vontade ferver.

As poucas coisas que sei fazer muito bem, procuro fazer todos os dias, para manter um aperfeiçoamento contínuo. Nunca, nunca deixe de fazer aquilo que você faz de melhor. Seja verdadeiro com você mesmo, dedicando-se ao que sente paixão em fazer, ou seja, realizando sempre aquilo que pode fazer de melhor. É chave, é fundamental, que seus pontos fortes tenham uma íntima relação com o seu propósito de vida, que caminhem juntos e que se alimentem um do outro. Assim que identifique seu propósito de vida, passe a investir nele, desta forma você estará potencializando suas possibilidades, e tornando mais forte sua relação com o motivo pelo qual veio ao mundo.

Mas, insisto na importância de possuirmos uma motivação nível dez, para que seja possível conquistarmos rapidamente aquilo que desejamos, enfrentando todos os nossos medos e defeitos. Vamos analisar um exemplo real:

- "Rafael, tenho medo de altura" - me dizia um conhecido.

- "Suponhamos que dez é a classificação mais alta, que podemos dar ao seu medo, e um, a mais baixa. Qual seria o nível do seu medo de altura?" - perguntei.

- "Tenho muito medo e acredito que seja nível nove." - respondeu.

- "Mas, se a sua filha chamasse você do terraço de um edifício muito alto, pegando fogo, e você tivesse que subir por uma escada externa, para resgatá-la, você subiria?" - perguntei.

- "Claro que sim!" - respondeu.

- "Mas, e o seu medo de altura, onde ficou?" - perguntei.

- "Mas, é que se trata da minha filha." - respondeu novamente o conhecido.

Observe que o medo de altura sumiu, devido à urgência de salvar a filha, ou seja, o medo que ele sentia era nível nove, enquanto a motivação de salvar a filha era nível dez. A motivação nível dez, anulou o medo nível nove, permitindo que ele fosse capaz de superar seu medo de altura. Conforme expliquei anteriormente, as motivações nível dez, são aquelas que nos permitem dar saltos quânticos.

Em outra ocasião um amigo se manifestou:

- "Tenho uma péssima memória e sempre esqueço as coisas." - me dizia esse amigo.

- "E você está solteiro?" - perguntei.

- "Sim, em busca de uma mulher para casar." - respondeu.

- "Se a mulher mais linda, charmosa e inteligente, que você já conheceu, te fala o seu número de telefone, para que você ligue combinando um jantar, você esqueceria esse número?" - perguntei.

- "Com certeza que não!" - respondeu.

- "E onde ficou seu problema de memória?" - perguntei.

- "Mas é que seria a oportunidade de encontrar a mulher da minha vida." - respondeu.

Novamente observe que uma motivação nível dez, anulou um defeito que era a dificuldade de memorização, permitindo que a pessoa fosse capaz de realizar algo que acreditava não ser possível.

Eu poderia seguir com uma lista interminável de exemplos, mas o ensinamento se repete: não importa os medos ou defeitos que você tenha, o que importa é possuir uma motivação nível dez, para superá-los, para anulá-los, para que não tenham importância.

Então alguém poderia me dizer: "Mas Rafael, os exemplos que você deu, colocaram as pessoas em uma situação urgente, onde na primeira situação a filha corria risco de vida, e na segunda, a pessoa poderia perder para sempre o possível amor da sua vida". Perfeito, ambas as situações eram de certa urgência. Mas será que existe algo mais urgente e importante que o nosso propósito de vida? Acredito que o motivo pelo qual viemos ao mundo, ou simplesmente cumprir com nosso propósito de vida, é algo tão urgente, que sequer deveríamos considerar os medos ou defeitos que tentem sabotá-lo. Simples assim.

Faça uma lista de motivações que sustentem seu propósito de vida, ou seja, que sustentem a razão pela qual você veio a este mundo. Se ainda não tiver muito claro, não se preocupe, volte a pensar em seus talentos naturais e no que sente paixão em realizar. Junto com as motivações, pense em quais são os temores que te detém em sua vida. Não precisa, necessariamente, existir um temor relacionado a cada motivação, pois os temores podem ser gerais, e neste caso, sendo ainda mais desafiantes para se eliminar.

E se eu não descobrir o meu propósito de vida? Então crie o seu propósito!

Para que vim ao mundo: a razão da minha existência (propósito de vida)		
Dons, habilidades e talentos	Motivações nota dez - Aquilo pelo qual luto a cada dia	Temores e defeitos - Aquilo que me freia e devo eliminar da minha vida

Se em sua vida existe medo, em seus bolsos haverá escassez.

Vamos supor que, no próximo mês, surge uma oportunidade de investir em um negócio. Obviamente, existe a possibilidade de perder ou ganhar. Sem a motivação adequada, podemos sentir medo e não aproveitar a oportunidade. Mas, se juntamente com esta oportunidade, identificarmos uma motivação nota dez, nos veremos obrigados a aproveitar a oportunidade e a ganhar. Perder deixa de ser uma opção, sempre e quando a motivação seja muito mais forte. Faremos tudo aquilo que estiver ao nosso alcance (e mais um pouco) para ganhar, e ganharemos, pois a mera possibilidade de não alcançar o objetivo, quando possuímos uma motivação nível dez, já é o motor para deixar de lado todo o medo. Um exemplo de motivação, seria acreditar que não investindo nesse negócio, jamais conseguiria comprar a casa dos seus sonhos. Recorde que você merece e pode ter a casa dos seus sonhos. Mas, para alcançar seus objetivos, você não pode diminuir sua motivação, nem adiar seus projetos ou se deixar vencer pelo medo.

Quando me dizem: "Rafael, tenho medo de investir, do risco, da volatilidade, do desconhecido e do que não é seguro". Respondo: "Eu tenho medo é do que parece seguro, como as estradas sempre retas, porque elas aumentam o risco de dormirmos na direção".

Você pode possuir os defeitos que queira, pode ter os medos que imagine, multiplicando-os por cem, caso ainda assim deseje, mas deve sempre preocupar-se em possuir uma motivação tão forte, mas tão forte, que os defeitos e os medos se agachem e se escondam embaixo da mesa, quando percebam que sua motivação apareceu. Eu tinha temor de caminhar sobre o fogo, literalmente falando. Mas o fiz. O que poderia me acontecer? Queimar-me? Mas qual era a motivação? Quando chegasse ao outro lado, depois de caminhar sobre o fogo, sobre o carvão a 800ºC, com álcool industrial no meio que fazia com que a chama fosse ainda maior, eu iria me sentir como um super-homem, capaz de devorar o mundo. Assim o fiz. Minha mente foi superior ao temor, às condições físicas e ao cansaço. Minha determinação e vontade me fizeram esquecer da dor e das possíveis feridas que teria, mostrando o poder da minha mente e de como podemos alcançar o que queremos.

O futuro é incerto; sim, isso todos nós já sabemos. Mas, como posso atuar no presente para que esse futuro seja melhor?

Vencendo os temores, que me amarram e limitam. Colocar-se em risco, ou como falo em minhas palestras, "Criar-se urgências", te obrigará a lutar por suas motivações e por suas metas, dando um sentido transcendental às suas ações, e chamando a abundância para sua vida.

Apenas os grandes atores chegaram onde queriam, porque deram um passo à frente e se arriscaram a fazer coisas de uma maneira diferente do restante do seu grupo. Somente aqueles que se colocaram em frente ao refletor principal, é que se destacaram dos demais no cenário, dando um passo fora da comodidade do grupo e do anonimato. Dê o passo que considere necessário para se destacar. Não deixe que as pessoas comuns te convençam de que você deve permanecer comum. Muitos irão dizer coisas como: "Cuidado, não se arrisque" ou "Faça como nós e sinta-se protegido". Por isso, muito morrem como carvão e não como brilhante; por isso, muitos são pobres e poucos são ricos. Ser brilhante, ser próspero, ser rico, implica em ver oportunidades, onde os outros enxergam risco; implica identificar as coisas antes dos demais, saindo do rebanho e vencendo seus temores através de uma motivação nível dez.

Uma motivação precisa ser algo concreto; portanto, observe que é diferente uma motivação do tipo, "salvar a humanidade", de outra, do tipo, "salvar a humanidade que padece de câncer nos hospitais da minha cidade". A segunda opção é muito mais concreta e focada. O primeiro passo, para realizar coisas grandes, é pensar grande, sem medo de fracassar e sem sabotar a si mesmo escutando a "Nilda", que surge com pensamentos negativos ou derrotistas. Crie, para si mesmo, novas urgências e novas prioridades, todos os dias. Já ajudou alguém? Espero que sim, mas também espero que agora ajude mais pessoas. Amplie ainda mais o efeito da sua ação, para ajudar mais e mais pessoas a cada dia, sem imaginar limites.

Quanto mais pessoas ajudar, mais conexões ocorrerão e mais prosperidade você atrairá.

Tudo o que foi colocado neste capítulo, lhe ajudará a realizar os verdadeiros saltos quânticos e conquistar a prosperidade integral. Mas, Rafael, o que seria essa prosperidade "integral"? Muito simples, a prosperidade "integral" é um estado de realização pessoal, que acontece quando você alcança objetivos de forma equilibrada em várias áreas da vida, como por exemplo: ter saúde, equilíbrio emocional, bem estar, liberdade financeira, relacionamentos saudáveis, realização pessoal e profissional.

Mas, antes de terminar este capítulo, ainda vou presentear você com onze sugestões, em forma de resumo, as quais serviram muito para que eu desse diversos saltos quânticos ao longo da minha vida, e assim conquistasse um estado de prosperidade "integral".

Primeira: Encontre um *propósito de vida*, que esteja relacionado com seus pontos fortes, sendo algo que te diferencia dos demais. Descubra quais as qualidades extraordinárias, que te fazem único e especial.

Segunda: Faça com que a *motivação* por desenvolver este propósito de vida, desperte em você um apetite tal, que lhe permita ver a chegada de uma segunda-feira, com a mesma alegria da chegada de uma sexta-feira.

Terceira: *Crie repertório variado*, assistindo bons filmes, fazendo cursos, participando de palestras, ouvindo podcasts, viajando e principalmente lendo. Leia muito, mas muito mesmo, preferencialmente sobre temas variados e que acrescentem conhecimento à sua vida. A leitura é fundamental! Se não lemos, não conseguimos pensar em nada; então, leia livros, revistas, artigos, conteúdos na internet e tudo mais que possa gerar conhecimento, nutrir sua imaginação e gerar ideias.

Quarta: *Seja mais espiritual*. O que significa isso? Ser generoso, sentir amor e compaixão. Se você, por exemplo, vincular-se a uma boa causa ou passar a patrociná-la, sem dúvida estará sendo mais espiritual. Posso mencionar vários exemplos de boas causas, como colaborar com a reinserção de meninos de rua, ajudar em um hospital, visitar casas de repouso para idosos, participar de grupos de oração ou meditação, entre outras atividades. Independente da sua crença, posso afirmar que tudo isso é mágico e sem dúvida espiritual. Quando você adquire uma nova dimensão espiritual, quando enxerga as pessoas de uma forma diferente, quando ao invés de julgar, você imagina que cada ser humano deve ter algo de bom, torna-se uma pessoa melhor e assim acaba atraindo uma quantidade infinita de coisas boas para a sua vida.

Quinta: *Assuma responsabilidade*, tendo em mente que jogar a culpa nos outros, por qualquer fracasso pessoal, financeiro ou profissional, não irá levá-lo a lugar algum. Chega de colocar a culpa nos governos, nos vizinhos, nos amigos, na economia, na sociedade ou em qualquer outro bode expiatório. Assuma que você é o único responsável pela sua vida e aceite que ela é o reflexo das suas escolhas e atitudes. As pessoas bem sucedidas, são aquelas que param de buscar alguém ou algum acontecimento, para justificar suas falhas. Aliás, pessoas bem sucedidas acreditam que são as únicas responsáveis por seus resultados, assumindo quando falham, reconhecendo seus erros e corrigindo sua trajetória. Cada um cria o seu futuro de acordo com o que pensa, sente, realiza e comunica em seus atos, palavras, e ações. Sempre que for buscar culpados, prefira buscar a solução; quando for criticar alguém, mantenha-se calado; ao invés de justificar seus erros, aprenda com eles; antes de julgar alguém, julgue primeiro suas próprias atitudes; no lugar de reclamar das circunstâncias, dê alguma sugestão; deixe de se fazer de vítima e torne-se um vencedor.

Sexta: *Deseje ter prosperidade e ser rico*. Esse é um pré-requisito fundamental, para sair da mediocridade, da hipocrisia e tornar-se uma pessoa brilhante. Chega de fazer como a maioria, que diz não achar o dinheiro importante, mas no fundo adoraria ganhar na loteria.

Sétima: *Supere o medo das mudanças*. Aceite que a vida é feita de mudanças, compreendendo que a cada dia elas deverão estar mais presentes em nossas vidas, e que é fundamental estar atento a elas.

Oitava: *Desenvolva constantemente pensamentos que estejam relacionados à gratidão*, sendo grato pela sua vida e pelas pequenas coisas, que diariamente acontecem ou que deixam de acontecer com você. Quando você cria o hábito de pensar e se comunicar de forma grata, acaba sentindo gratidão até pelas coisas ruins, que eventualmente lhe acontecem, passando a compreender que coisas ruins, muitas vezes, podem ser uma forma de aprendizado importante! Perceba que a gratidão faz parte das suas emoções e que quando ela vira um hábito, acaba se tornando um traço da sua personalidade, podendo ser reconhecida, inclusive, como uma virtude moral. A gratidão direciona e intensifica o foco do indivíduo para as coisas boas e para aquilo que ele já possui, sendo um fenômeno profundo e complexo, que desempenha papel fundamental na felicidade e na performance humana.

Nona: *Tenha uma sólida rede de amigos e parceiros*. Não é a toa que tanto se fala sobre a importância e o poder do network. Perceba que a força e a longevidade da sua rede de contatos, dependem mais da qualidade das conexões estabelecidas, que da quantidade de pessoas que está nela. Lembre-se, que todos os negócios são realizados através de interações humanas. Ensine seus amigos a crescer, assim caso um dia precise deles, tenho certeza de que terão mais possibilidades de ajudá-lo. Um profissional de destaque não é apenas aquele que é um bom conhecedor da matéria, mas é essencialmente aquele que se movimenta melhor na área em que atua e que tem os contatos certos para as ocasiões certas, e isso é feito com metodologia. Seja sincero, seja amigo, e entenda que um bom relacionamento de Networking é dar e receber; então, pegue informações, escute dicas, ouça críticas, mas também se lembre de dar a sua contribuição para todos que estão colocando-o nos seus grupos, pois isso fará com que você seja uma pessoa valorizada pelos demais.

Décima: *Saia da inação e tenha mais atitude*, passando a agir com mais frequência. Na maior parte do tempo, ficamos presos na inação – essa mistura de medo, dúvida, perfeccionismo e distração, que nos faz ficar apenas planejando sem agir. Fazer somente aquilo que já estamos acostumados, ou o que nos faz sentir seguros, não nos leva a expandir e crescer. Devemos procurar assumir riscos calculados. Claro que planejar é importante, mas o fato é que todo o planejamento do mundo não vai levar você a lugar algum; então, dê logo o primeiro passo, não importa o quão pequeno seja. Minha regra para me motivar a correr, por exemplo, é apenas amarrar os cadarços e sair de casa - o restante simplesmente acontece. Lembre-se que a cada dia que deixamos de agir, é um dia a mais que desperdiçamos em nossa vida; portanto, não deixe para amanhã o que você pode fazer hoje.

E a última sugestão, mas não menos importante, apesar de ser a última, é a seguinte: *"Necessitamos mais urgência em nossas vidas"*. Muitas vezes são os momentos mais críticos que nos fazem sair da zona de conforto e alçar voos mais altos. São as situações adversas, que na maioria das vezes, impulsionam nossa vida. É realmente "a alta pressão, que transforma um carvão em diamante". Para cada ser humano, as situações de urgência podem ser diferentes: perder o emprego, falir a empresa, passar por uma doença grave, ficar endividado, viajar sem um centavo no bolso, sentir-se ridicularizado, entre diversas outras coisas que podem acontecer. Existem pessoas, para as quais eu digo em minhas sessões de coaching, que preciso vê-las em uma situação de emergência; então, elas me olham como se quisessem me bater. Isso acontece porque estão em sua zona de conforto, e possuem um medo terrível de mudar. Mal sabem elas que, estando na zona de conforto, ninguém se torna aquilo que deseja, permanecendo em uma vida comum, medíocre e pobre. Quem não passa por alguma urgência que lhe tire da zona de conforto, nunca saberá do que é capaz e nem conhecerá o *verdadeiro poder* que possui. Vá em busca dos saltos quânticos, afinal, nesta vida, somente eles podem levar você a realização todos os seus sonhos.

Não continue postergando as coisas e deixando de usufruir a vida que merece. Ninguém te prometeu o dia de amanhã.

Desperte suas paixões. Perceba que sentir paixão pelo que se faz, é algo que permite uma pessoa acordar cedo e animada para trabalhar em uma segunda-feira. Cuide para que a apatia e o conformismo não dominem sua vida. Conformar-se com pouco, é comparável a estar morto durante a vida, um cadáver não sepultado, alguém que desistiu de viver seus sonhos. Devemos ter um propósito brilhante na vida, afinal, propósitos normais são o que a maioria das pessoas já possui, e não queremos ser como a maioria. Observe que apenas 10% das pessoas, ou seja, a grande minoria, é que detém

90% da riqueza no mundo; portanto, se você deseja estar dentro dessa minoria, precisa sair da sua zona de conforto e tornar-se uma pessoa brilhante. É impossível fazer parte da minoria, se você continuar fazendo aquilo que é feito pela maioria. Tenhamos então propósitos grandes, nobres, desafiadores, porque a vida é muito curta para perdermos tanto tempo com coisas pequenas e fazendo aquilo que todos fazem. Saia do seu piloto automático e deixe de ser apenas uma engrenagem, passando a ser uma mola propulsora na sociedade. Não existe nada mais rentável que ser feliz, sendo este o motivo pelo qual viemos a este mundo. Então sejamos felizes!

Tenho a certeza de que todos nós possuímos um "gene brilhante", o qual podemos fazer aflorar ou adormecer. Sendo unicamente, a vontade e a determinação de cada ser humano, que pode efetivamente despertá-lo. E somente despertando este "gene brilhante" é que alguém passa a sentir um fogo interior e uma verdadeira motivação para fazer as coisas. Da mesma forma, todos nós possuímos um "gene empreendedor". A uns, a vida por obrigação leva a desenvolver, enquanto outros morrem com esse gene adormecido, em virtude de que em algum momento se acomodaram em um emprego mal remunerado e que não os realizava, mas que os absorveu para sempre. Ninguém nasceu para ser empreendedor ou empregado; simplesmente, existem pessoas que possuem um propósito de vida claro e outras que não, sendo essa a diferença. Assim como existe gente, que mesmo após a leitura deste livro, se manterá conformada, preferindo o passo a passo e a comodidade, outras buscarão os saltos quânticos. Eu espero que você, a partir de agora, entre para o time da minoria, passando a dar saltos quânticos e vivendo na constante urgência de realizar seus sonhos.

Capítulo 10

USE O PODER DA INTERNET

E DAS REDES SOCIAIS

Não faz nenhum sentido que nos dias atuais o seu computador pessoal e o seu *smartphone* sejam utilizados como brinquedos de luxo, ficando subutilizados quanto ao seu verdadeiro potencial. Estes equipamentos, que assim como outros, revolucionaram a vida de milhões de pessoas em todo o mundo, em especial a partir da última década do século XX, e na primeira do século XXI, devem ser aproveitados ao máximo para gerar riqueza e liberdade financeira.

A tecnologia deve trabalhar para os humanos e isso é válido também para a busca de novas fontes de receita. Se você possui um salário fixo neste momento, e se sente conformado e satisfeito com ele, dificilmente conquistará a liberdade financeira, por mais alto que seja o valor do seu salário. Lembre-se de que partimos do princípio de que sempre é possível conquistar mais do que já temos. É imperativo, conforme irei explicando, gerar receitas passivas, receitas que não requeiram sua presença física, e que possam ser recebidas inclusive enquanto você dorme, para assim viver a vida que desejar e não depender de um salário. Quantos tipos de receita diferente você possui mensalmente, além do seu salário? Quando sua única fonte de receita provém de um salário, é porque você ainda não está se alavancando suficientemente bem e muito menos utilizando todo o poder que a internet pode lhe proporcionar.

Um simples comércio eletrônico, como a minha loja de suplementos (*www.suplementostore.com.br*), por exemplo, pode lhe render muito mais dinheiro do que diversas lojas físicas. Além disso, ela permite que você continue vendendo ininterruptamente, vinte e quatro horas por dia, de forma praticamente automática, ganhando dinheiro mesmo à noite, enquanto você dorme, ou nos finais de semana e feriados. Também poderia citar outras formas ainda mais simples e automáticas de ganhar dinheiro utilizando a internet, como a rentabilização de conteúdo, os programas de afiliados, *dropshipping*, comercialização de infoprodutos, monetização de cursos online, dentre outros, mas o fato é que seu computador pessoal e seu telefone celular devem ser ferramentas essenciais para gerar mais receitas passivas. E some ainda os tablets, iPads, TV's e outros dispositivos, conectados neste mesmo rol de equipamentos, que podem ser utilizados, para diferentes transações comerciais, investimentos ou desenvolvimento de negócios, de qualquer lugar do mundo, onde haja internet.

Seu espírito empreendedor, sua vontade de enriquecer, sua determinação de mudar hábitos financeiros e de construir uma qualidade de vida melhor que a atual, encontram um aliado sem igual na internet, sendo primordial que você aprenda a utilizar de forma eficiente esta tecnologia. A internet revolucionou a vida das pessoas, da mesma forma que o surgimento das redes sociais como Facebook, Twitter, Instagram, Youtube, Linkedin e diversas outras, que estão disponíveis, facilitaram e potencializaram negócios no meio eletrônico. Perceba que a tecnologia da informação mudou completamente os mercados, e que a internet possibilitou o surgimento de serviços baseados em ideias simples, mas que são extremamente eficientes como Netflix, Airbnb, Uber, Tinder, Wase, dentre inúmeros outros, que tornaram seus criadores milionários em questão de dias ou meses, possibilitando verdadeiros saltos quânticos. Enquanto escrevo este livro, as criptomoedas (bitcoin, monero, litecoin, chainlink, zcash, ethereum, entre outras) ganham força e já permitem você realizar transações de compra, venda e até mesmo operar em mercados financeiros. É por isso, que resolvi dedicar este capítulo sobre a forma como podemos utilizar melhor a internet, para ajudar, servir e gerar receita automática, dando verdadeiros saltos quânticos.

A tecnologia digital e as redes sociais, quando bem utilizadas, lhe permitem se alavancar e manter um fluxo de receita constante, inclusive enquanto dorme, conforme já mencionei, e assim alcançar com menor esforço, muito mais resultado, o que é a verdadeira essência da alavancagem.

Já falei insistentemente do essencial, que resulta sobre a importância de descobrir seus talentos únicos, aquilo que o diferencia dos demais, e assim começar a cultivar um caminho para a prosperidade financeira. No entanto, de nada serve ter talentos, se ninguém os conhece, se você não os anuncia. Para estes talentos identificados, as redes sociais são um fator multiplicador, porque ainda que você não acredite, existem milhares de pessoas espalhadas pelo mundo, que estão necessitando daquilo que você produz, vende, distribui, pensa, ou inclusive viveu, experimentou e deseja compartilhar. Quando você compreender o que as pessoas mais querem ou necessitam, poderá proporcionar melhores produtos ou serviços, e assim obviamente terá uma maior rentabilidade. O mundo está ávido por saber o que fazemos para dar satisfação as suas necessidades, desde como tocar um instrumento, fazer espaguete, até como superar a perda de um ente querido, treinar um animal de estimação, trocar o óleo do carro, dançar tango, enfim, qualquer outro assunto que possa interessar às pessoas. Existem milhões de possibilidades que temos para chegar a milhões de pessoas.

Imagine alguém trabalhando para você vinte e quatro horas, fazendo você ganhar dinheiro e sem te cobrar nada. Quem? Seus vídeos no Youtube. Quantos você tem?

Mas, vamos voltar a uma pergunta chave: o que significa "gerar receita passiva" exatamente? Implica descobrir e explorar as formas que na atualidade temos para não depender exclusivamente de um salário fixo, produzindo receita de forma praticamente automática, ou seja, ganhando dinheiro mesmo quando não estamos trabalhando. A receita passiva permite que você possua várias fontes de entrada de dinheiro, deixando de ser uma receita centralizada ou que o torne dependente de apenas uma atividade central. Em essência, uma receita passiva ou residual, como também se conhece, é uma receita que entra com regularidade em nosso bolso, por um esforço que se fez uma ou poucas vezes, mas que continua gerando dinheiro por um bom tempo. No passado, as únicas formas de se obter receita passiva seriam através de imóveis que você aluga para alguém e desta forma ganha o valor referente ao aluguel, ações de empresas que geram dividendos, sociedade em empresas que geram participação dos lucros, investimentos bancários, dentre outros meios que dependiam de grandes capitais investidos. Para as pessoas com maior grau de instrução ou com talentos artísticos específicos, algumas formas de gerar receita passiva, poderiam ser através de direitos autorais, sobre um roteiro de filme, uma música ou um livro que elas tenham escrito. Todas estas formas, consideradas clássicas, ainda são válidas e importantes, mas, o modelo de sistema atual em que vivemos, passou a permitir que, mesmo pessoas sem capital inicial ou sem grandes talentos artísticos, também possam aprender a criar e se beneficiar de renda passiva. Um exemplo é quando gravo e coloco um vídeo no Youtube, fazendo um esforço único, mas que segue gerando receita enquanto estiver no ar, sendo visualizado, e assim o Google me pagando para inserir suas propagandas. Da mesma forma funcionam diversos produtos digitais, como cursos e e-books, que você empreende esforço uma única vez, para criar, e pode vender para uma infinidade de pessoas. Desde já, sugiro aos leitores deste livro, que encontrem formas de não depender unicamente de um salário. Quando alguém me diz que ganha 100 mil reais mensais de salário, e que por isso suas finanças vão muito bem, permitindo que tenha uma vida de rico, normalmente pergunto: E você possui mais alguma fonte de receita, que continue pagando suas contas mesmo que deixe de trabalhar? Em geral recebo uma cara de surpresa com essa pergunta. Sinceramente, um salário alto não me impressiona, tendo em vista que nem sempre depende exclusivamente de você continuar recebendo este valor; afinal, muitas vezes a vontade de quem o contratou ou variáveis do mercado, podem fazer com que você de uma hora para outra não possa mais contar com esse salário. Por mais alto que seja seu cargo, como um executivo de prestígio, um gerente, diretor, presidente, ou qualquer outra nomenclatura, o salário é algo que te dão por seu trabalho, por cumprir suas metas, obrigações, horários, por estar longe de sua família, por ter inúmeras reuniões durante a semana, por representar uma companhia, mas quem mais se beneficia do uso do seu tempo, certamente, é quem lhe paga. Se você recebe um alto salário, sem dúvida, é porque está dando lucro a alguém e trocando seu tempo pelo dinheiro que recebe ao final do mês, mas isso pode mudar de um dia para o outro. Compreenda que um emprego e um alto salário podem ser um caminho, para iniciar sua trajetória, mas nunca um fim. Pessoas que se aposentam dependendo exclusivamente do governo e de um sistema nitidamente falido de aposentadoria estão fadadas à privações e dificuldades. O progresso financeiro, em meu ponto de vista, não acontece em virtude de um alto salário que alguém possa chegar a ter, mas sim devido aos ingressos passivos que aprendeu a gerar. Esqueça do salário mensal para progredir financeiramente. Não é a toa que no dicionário, a palavra "empregado", seja sinônimo de "usado", como tantas vezes é possível observar na prática.

Você pode pensar que nasceu para ser empregado. Mas, por experiência, te digo que qualquer ser humano pode aprender a empreender e utilizar a internet para gerar renda passiva.

Um dia desses, conversando com uma pessoa íntima de minha família, ela dizia acreditar que as pessoas tem capacidades distintas, e que muitas não conseguem aprender determinadas coisas, por estarem limitadas à sua capacidade intelectual. Quase me arrepiei ao escutar isso e perceber como as pessoas subestimam sua capacidade. O pior é que isso é realmente o que muitos acreditam, sendo predominante a ideia de que as pessoas estão limitadas por alguma incapacidade. Imediatamente tentei explicar a ela, que se todas as pessoas conseguem aprender, desde a infância, as duas coisas mais difíceis que um ser humano precisa e pode aprender, qualquer outra coisa é possível. O que falta normalmente é apenas esforço e dedicação. Observe que ninguém nasce sabendo andar, sendo necessário cair, levantar, e insistir, inúmeras vezes, até aprender esta tarefa, que na fase adulta parece simples, mas quando somos crianças, só aprendemos com esforço e dedicação, ou seja, com a verdadeira vontade de andar. Perceba que, com exceção a alguém que possua algum problema físico, por mais difícil que seja para uma criança, todas aprendem a andar. Caem e levantam; novamente, caem e levantam e assim insistem, até que conseguem aprender a andar. A segunda coisa mais difícil, para um ser humano aprender, é falar; mas, observe que praticamente todas as pessoas ao seu redor aprenderam. Após anos praticando, falar obviamente parece algo natural, mas na verdade não é algo simples ou trivial, sendo uma tarefa que exige uma capacidade intelectual gigantesca dos seres humanos. Pois bem, se você aprendeu as duas coisas mais difíceis, que uma pessoa pode aprender, que é falar e andar, sem dúvida, pode aprender qualquer outra coisa, inclusive a empreender e utilizar a internet para gerar renda passiva. Basta apenas vontade, esforço e determinação. Talvez para alguns seja realmente mais fácil aprender uma determinada área do conhecimento, pois afinal esta pode ser sua habilidade natural, seu talento, sua aptidão, mas isso não impede que, com certo esforço e dedicação, qualquer pessoa também possa aprender as mesmas coisas que outra já tenha aprendido.

Observe a existência de pessoas, que se dedicam a trabalhar em atividades com uma demanda cada vez menor, simplesmente porque acreditam que não possuem capacidade de aprender coisas novas ou mudar de atividade. Será que a atividade desenvolvida por você, atualmente, terá cada vez mais importância ou se tornará cada vez mais obsoleta, como as máquinas de escrever e os filmes fotográficos? Você já parou para pensar nisso? Não me parece muito inteligente trabalhar durante anos, arduamente, somente para aspirar que no futuro continuem te pagando, por sua condição de empregado. Para mim isso não é muito inteligente, repito, seria mais inteligente que com uma parte do valor que você recebe como salário, iniciasse a construção de ativos que gerem receita e assim façam com que no futuro, o valor recebido como aposentadoria, seja apenas um plus, um complemento, mas não sua renda principal na qual você coloca todas as suas expectativas de qualidade de vida. É triste escutar pessoas que seguem dizendo, "quando me aposente", e que ainda continuam a frase, enumerando uma enorme lista de sonhos. Isso mostra que, lamentavelmente, ainda estamos na cultura da aposentadoria, onde uma pessoa imagina que trabalhará incansavelmente, para ao final da vida realizar seus sonhos. Alguém que possua educação financeira, jamais se preocupará com a aposentadoria ou deixará para realizar seus sonhos apenas quando talvez já não tenha mais saúde para tal. Pessoas que compreendem a importância da educação financeira, estarão ao longo da jornada construindo ativos que gerem receitas. Muitas pessoas ainda não perceberam que não poderão se aposentar, ou que caso se aposentem, não serão capazes de realizar seus sonhos, pois afinal, os valores recebidos serão claramente inferiores ao que recebiam enquanto trabalhavam ativamente. Além disso, é natural que com o passar dos anos suas despesas pessoais aumentem, conforme você necessita de mais cuidados com a saúde. Com isso, não quero dizer que as pessoas devam renunciar aos empregos que possuem, até porque muitos que conheço, gostam verdadeiramente do que fazem, mas a ideia é de que todos tenham claro que não devem permanecer depositando suas esperanças de dias melhores ou ainda de realização de sonhos, exclusivamente em uma aposentadoria, que pode nem acontecer. A ideia de renunciar a aparente segurança de um emprego formal, produz medo na maioria das pessoas, gerando muitas vezes angústia, mas o preço dessa falsa segurança que um emprego pode oferecer, é trocar o seu precioso tempo, ano após ano, por um punhado de dinheiro, que muitas vezes não chega a ser o suficiente para pagar as contas e manter uma vida digna. A incerteza sobre o futuro, para quem não possui educação financeira, termina por devorar sonhos e metas, fazendo com que a realidade do dia a dia, das despesas e das dívidas, jogue o propósito de vida das pessoas para o último plano, ou faça com que ele simplesmente desapareça.

Mas você pode mudar isso! Sua determinação para conquistar o que deseja deve ser tão forte e sua motivação tão sólida, que não deve haver medo algum que te faça parar, mesmo que para isso precise renunciar momentaneamente a algumas coisas e precise mudar de atividade. No capítulo anterior, expliquei de que maneira um medo pode ser derrotado, graças a uma motivação tão forte, que nos leve a fazer e alcançar o que antes parecia um sonho, uma ilusão, uma loucura. O verdadeiro risco de não renunciar a algumas coisas e não mudar, é permanecer até a morte ancorado em uma atividade que não te permita vibrar, que não permita você aproveitar melhor o seu tempo, realizar seus sonhos, e nem desenvolver suas maiores habilidades.

Liberdade financeira não é possuir um bom salário, mas sim, conseguir a vida que se deseja através de renda passiva, usando seu tempo para aperfeiçoar seus talentos, ajudar as pessoas e realizar seus sonhos.

Recordo a história vivenciada por um casal de conhecidos, que pode me ajudar a ilustrar o risco, que um bom emprego pode oferecer, quando as pessoas não possuem educação financeira. Eram um homem e uma mulher, profissionais de aproximadamente 45 anos de idade e dois filhos. Em algum momento de suas vidas, ambos estiveram empregados em empresas importantes, desempenhando suas funções em cargos que tinham uma remuneração relativamente alta. Esta comodidade econômica os motivou a contrair dívidas, o que a maioria das pessoas acaba fazendo, comprando um apartamento financiado, para residir com seus filhos, e um automóvel, que iam pagando mês a mês. Adicionalmente, tinham entre seus gastos fixos, a educação de seus filhos, em escola particular, com matrículas e mensalidades caríssimas, as despesas cotidianas da casa e eventualmente sair de férias, para alguma praia, com o objetivo de fugir da rotina e descansar longe da cidade.

Tudo parecia em ordem, até que começaram os rumores de reorganização na empresa onde o marido trabalhava, o que dentro de semanas culminou com diversas demissões, dentre as quais a sua. Após o ocorrido, recebeu a indenização a que tinha direito e passou a buscar uma recolocação profissional. O tempo foi passando e a situação em casa se mantinha estável, mas o dinheiro da indenização já estava acabando e nada de conseguir um novo emprego. O salário da esposa era bom, mas não era suficiente para cobrir todos os gastos da casa, a escola dos filhos e mais os financiamentos assumidos, sendo necessário assumir novas dívidas de empréstimos com os bancos. Apesar de distribuir currículos e participar de diversas entrevistas de emprego, a realidade era que na sua idade já não pertencia ao grupo de candidatos ideais, que as empresas vinham procurando. Para complicar ainda mais, a esposa também acabou sendo demitida, e a situação que já não era boa, passou a ficar crítica. Ambos experimentaram uma sensação de medo, desespero e dias de muita angústia, enquanto as contas continuavam chegando. A alternativa foi usar a indenização recebida na demissão da esposa para colocar as contas em dia, e com o pouco que sobrou criar seu próprio negócio. Uma decisão corajosa, fruto de um momento extremo em suas vidas. Tiveram que sair da zona de conforto em que estavam, perceber que não existe emprego seguro e que precisavam ousar. Aliás, foram tão ousados que incursionaram em um negócio no qual não tinham nenhuma experiência. Fizeram um curso de três meses para se tornarem corretores de imóveis e abriram uma imobiliária.

Alavancados em uma página na web, que criaram usando suas redes de contatos e aproveitando a tecnologia, conseguiram se reorganizar e voltar à vida que tinham antes de serem demitidos. Graças à determinação que tiveram, passaram inclusive a ter uma receita maior que a da época em que ambos estavam empregados. Enquanto eram funcionários, sentiam-se seguros e seus salários aparentemente lhes dava a possibilidade de financiar um imóvel e um carro, sem correr nenhum risco, bem como pagar todas as despesas da família. Neste período, viviam em uma zona de conforto que parecia ser tranquila e segura.

Ao longo da minha experiência, consegui descobrir formas de desenvolver negócios e investimentos que funcionam; desta forma, passando a determinar algumas "receitas" para construir a renda passiva da qual falo neste livro. Também aprendi durante a minha caminhada, que é possível alavancar os negócios utilizando o poder da internet e das redes sociais. Mas é certo que as pessoas precisam se desenvolver em diversas áreas de conhecimento, a fim de explorar ao máximo o seu potencial. Da mesma forma, sugiro que todos possuam o maior número de atividades, investimentos e fontes de renda possíveis, mas preciso deixar claro que o primeiro passo é identificar uma atividade principal, que gere fluxo de caixa suficiente para sobrar dinheiro, e assim investir de maneira constante. Frequentemente, os especialistas financeiros dizem que da sua renda mensal, você deve economizar entre dez a vinte por cento. Em geral, quem escuta essa recomendação, deixa para economizar no final do mês, quando percebe que usou todo o dinheiro e acabou não sobrando nada. A técnica que sugiro aos meus clientes é de pagar-se primeiro, compreendendo que este é um *exercício de merecimento*, em que você se dá conta de que está em primeiro lugar em sua própria vida. Se você se encontra agora em uma situação em que tem um salário fixo, minha recomendação é que economize no começo do mês, assim que receba o seu pagamento, ou seja, pague-se primeiro e desta forma seu cérebro receberá uma mensagem subliminar de merecimento, algo como "eu mereço ter dinheiro", ajustando parte do seu *"mindset"* e gravando uma mensagem positiva em seu subconsciente. Digo isso, porque o normal é observarmos as pessoas de mentalidade financeira pobre, pagarem primeiro todas as suas despesas, contas e obrigações, colocando-se em segundo plano, como se dissessem ao seu cérebro que não são importantes, ou que a prioridade são os outros. Você já escutou alguém dizer: "pagando as contas eu já estou satisfeito"? Subliminarmente, o que esta pessoa está dizendo ao seu subconsciente, é que os outros vem em primeiro lugar, e somente depois, caso sobre algum dinheiro, é que ela merece receber alguma coisa. Repetindo, mês após mês, esta mesma rotina, estas pessoas acabam reforçando para o seu cérebro, que não são merecedoras de ter dinheiro e muito menos de serem ricas. Talvez, agora alguns estejam pensando no que farão se faltar dinheiro para pagar o restante das contas até o final do mês e a resposta é simples: reajuste seu orçamento e planeje seus gastos.

Nunca espere até o final do mês para economizar, quando possa ver o que sobrou, se é que sobrou alguma coisa. De cada pagamento mensal, pague-se primeiro e aprenda a investir uma parte em ativos, que futuramente gerem mais renda.

O que pode acontecer? Que o valor que sobrou, após pagar-se primeiro, e que então você vai destinar às despesas ordinárias do mês, seja insuficiente para pagar tudo. Que bom! Assim você começará a sair da sua zona de conforto e sentirá a urgência de gerar outras fontes de renda, ou seja, mais receita através de outras atividades. Esta é uma excelente oportunidade para pessoas que pretendam ser brilhantes e que desejem crescer mediante a pressão, mostrando estarem dispostas a sair em busca de mais fontes de renda, às quais, no futuro, deverão ser preferencialmente passivas, e que ajudem a pagar seus gastos mensais. Com o passar do tempo e o constante aumento de investimentos, chegará um momento em que você conseguirá atingir uma renda passiva que pague suas despesas mensais, lhe assegurando a qualidade de vida desejada, e não apenas um valor que pague as contas necessárias para sobreviver.

Perceba que, muitas vezes, a falta de dinheiro também ocorre por você não incursionar em alternativas diferentes das tradicionais, bem como pelos medos que te paralisam, por desconhecimento, ou por ainda estar perdendo tempo enquanto trabalha em algo diferente do seu propósito de vida.

Trocar horas paralisado em frente à TV, por exemplo, para criar um curso, escrever um livro, tornar-se afiliado em plataformas como o hotmart, ou montar uma pagina de vendas, pode ser o pontapé inicial para mudar completamente o rumo da sua vida.

De qualquer forma, alcançar a liberdade financeira, depende muito mais de quanto você consegue poupar e investir mensalmente, do que efetivamente de quanto você ganha. Alguém que ganha 50 mil mensais, mas gasta 60, nunca será verdadeiramente rico, enquanto alguém que ganha mensalmente 5 mil, mas gasta apenas 4, caso aprenda a investir, terá muito mais chance de enriquecer de verdade. Isso não significa que as pessoas não devam buscar aumentar o rendimento, que é fruto do seu trabalho, mas sim que precisam aprender a se pagar primeiro e investir esse valor. Somente através de investimentos constantes, será possível construir um fluxo de receita passiva, derivada de investimentos variados, como por exemplo, dividendos, bônus, aluguéis, comissões, sociedades, cotas, participações, entre outros.

Para compreender onde você se encontra financeiramente, responda as seguintes perguntas:

1- Quanto dinheiro você recebe mensalmente e quanto gasta?

R. ____

2 - Caso perdesse seu emprego, você teria outras fontes de renda para sustentá-lo?

R. ____

3 - Quantos tipos de trabalho você realiza e quantas fontes de receita possui?

R. ____

4 - Quanto dinheiro você recebe mensalmente, sem que precise trabalhar?

R. ____

5 - Você possui alguma propriedade, que produza renda de aluguel; alguma sociedade em uma empresa, que gere pró-labore; comissões de marketing multi-nível; ações que gerem dividendos; fundos imobiliários; investimentos financeiros; ou algum tipo de renda passiva?

R. ____

Se você não possui receita passiva e não tem fontes de renda adicionais ao que recebe trabalhando, então o dia em que seja demitido, fique doente ou sofra algum tipo de incapacidade, que lhe impeça de continuar produzindo, não terá mais dinheiro. Ficará à mercê das esmolas do governo, tendo uma queda abrupta em sua receita mensal, capaz de deixar você completamente sem alternativas. A única forma de resolver isso, é começar o quanto antes a construir fontes de ingressos alternativos e que preferencialmente sejam passivos.

Muitos, a esta altura, devem estar pensando: "Não tenho dinheiro suficiente para investir e mal consigo pagar as contas mensais e honrar meus compromissos". Diante disso, reafirmo que se alguém possui uma motivação nível dez e um propósito de vida sólido, isso não deverá impedi-lo de encontrar alternativas e conquistar o que deseja. Quem sabe, neste momento, você ainda não tenha dinheiro para começar a comprar ativos como ações e imóveis, mas não importa; diz um velho ditado que: "água mole em pedra dura, tanto bate até que fura"; portanto, não se subestime e nem subestime a sua capacidade, porque com foco, determinação e um objetivo bem definido, aos poucos surgirão as oportunidades e você realizará investimentos, conquistando ativos que gerem receita passiva. Não se preocupe com a falta de dinheiro, mas ocupe-se em ter ideias que o produzam. Um amigo meu dizia: "Tenha dinheiro sem ter ideias, e logo o dinheiro sumirá; mas tenha ideias sem ter dinheiro, e logo o dinheiro chegará". Posso testemunhar que isso funciona, afinal, a maior parte dos meus empreendimentos nasceu apenas de um sonho e de ideias, como a própria *www.suplementostore.com.br*, que me gera renda até hoje, e nasceu com um investimento financeiro próximo do zero, trabalhando à noite e nos finais de semana, usando um cômodo da minha casa. Foi um sucesso! E justamente daí, começaram a sair parte dos recursos que me permitiram realizar diversos outros investimentos, e assim construir uma carteira de ativos.

Além de tudo o que já comentei nos parágrafos anteriores, lembre-se que é importante fazer um uso mais racional do dinheiro, o que lhe permite experimentar uma vida melhor e ao mesmo tempo realizar investimentos lucrativos. Saiba que existem dívidas boas e dívidas ruins, gastos bons e gastos ruins; portanto, o segredo não está necessariamente em reduzir todos os seus gastos mensais. Existem pessoas especialistas em reduzir gastos, mas que são muito limitadas para produzir dinheiro. Uma parte daquilo que você gasta, deve gerar mais receita; por exemplo, os gastos em tecnologia e em educação, são essenciais, e não devem ser reduzidos. Se eu reduzo meu acesso à tecnologia e reduzo meus conhecimentos, automaticamente estarei reduzindo minhas possibilidades de melhorar minhas receitas. Portanto, existe a necessidade de perceber que nem todo gasto é uma despesa, podendo ser um investimento. A maioria dos assessores financeiros normalmente diz para o cliente simplesmente reduzir seus gastos, passando a fazer com que ele sobreviva, sem nada que lhe dê prazer. Não compartilho dessa ideia! Existem ocasiões, em que gastar mais, aumenta nosso repertório, alimenta nossos sonhos, nos leva a descobrir novas formas de gerar receita e novas fontes de renda. Não estou falando de gastos irresponsáveis, nem de parcelar sua fatura do cartão de crédito; nada disso, pois estou simplesmente falando do custo de oportunidade.

Conforme já mencionei em outros capítulos, mas volto a repetir aqui, por considerar um conhecimento de suma importância, disponibilizo gratuitamente em um dos meus canais, no Youtube (*www.youtube.com/sejabrilhante*), um curso completo de PNL, o qual recomendo que utilizem, se pretendem compreender melhor o que vou explicar no parágrafo seguinte, bem como compreender a real necessidade de alterar suas crenças e passar a enviar mensagens de abundância ao seu subconsciente.

Quem conhece um pouco mais sobre o funcionamento do cérebro, sabe da importância de enviarmos a ele mensagens de abundância. Em muitas ocasiões, algumas de nossas ações comunicam informações importantes, que acabam sendo gravadas em nosso subconsciente. Uma das coisas que devemos comunicar ao nosso cérebro, é que providenciaremos recursos suficientes para gastarmos com aquilo que gostamos, com aquilo que queremos, ou seja, pagaremos esses gastos com a nossa renda, nem que seja necessário aumentá-la. Dessa forma, nosso cérebro ficará mais ativo e atento às oportunidades, para a geração de negócios e receitas, permitindo suprirmos nossos desejos de obter as coisas que gostamos. Você passará a buscar mais ideias de negócios, de forma que estas possam permiti-lo gerar renda suficiente para pagar o que deseja.

Vamos exemplificar com um pensamento simples. Por que é mais rentável viajar em primeira classe do que em classe econômica? Qual a mensagem que você está enviando ao seu cérebro, ao viajar em primeira classe? Primeiramente, precisamos reconhecer que será muito mais confortável e prazeroso do que viajar em classe econômica e, provavelmente, qualquer um se sentirá muito mais realizado, automaticamente enviando ao seu cérebro a mensagem: "Isso é o que mereço e o que minha família merece; portanto, se consegui pagar por isso, uma vez fazendo um esforço, e se desejo manter esse nível de comodidade, preciso concretizar ideias de negócios, para continuar me permitindo essas experiências". Isso é mentalidade de rico. Ao contrário, quando não assumimos o risco de ir atrás daquilo que merecemos, permanecemos em nossa zona de conforto; um lugar em que não existe a necessidade de gerar novas ideias para obter novas e maiores receitas, continuando a viver uma vida comum. Quando pago mais, para viajar em primeira classe, estou confiante que o meu futuro será cada vez melhor que o presente. Algo muito diferente acontece quando viajo na última fileira do avião, ao lado do banheiro, limitado por uma pessoa no assento da frente, que ao recostar o banco me deixa aprisionado como em uma lata de sardinhas. Mas porque alguém viaja aí? Porque tem medo do futuro e acredita que ele possa ser difícil ou pouco alentador; então, é melhor não realizar gastos. Aqui se encaixa perfeitamente aquele ditado do barato que sai caro. Como isso soa para você? Aprisionado como em uma lata de sardinhas, com várias pessoas ao meu redor, que teriam tudo para ir dormindo confortavelmente em primeira classe: saúde, inteligência, talentos, capacidades, projetos, sonhos; mas que estão cheios de medo para viver a vida que merecem, dizendo a si mesmos que o futuro é incerto, e acreditando ser preferível voar em classe econômica e usar o que sobra para comprar bugigangas durante a viagem. Alegam que chegarão ao mesmo lugar e que estão no mesmo avião. Mentira! Essa é uma das maneiras que a mentalidade pobre atrapalha a maioria. A mentalidade de rico, busca soluções, ao invés de dar desculpas. Primeira classe ou comprar bugigangas? Sem dúvida, a primeira classe é mais inteligente, mas caso saia de sua zona de conforto e se esforce um pouco, quem sabe você possa ter as duas coisas.

Lembre-se: Se em algumas ocasiões, você aumentar seus gastos e se colocar nas cordas, a urgência de solucionar a questão ajudará aflorar a genialidade, que todos temos dentro de nós. Muitas pessoas, que compõe a denominada "classe média", acreditam que estão bem e que não lhes falta nada, mas na verdade simplesmente se conformaram com aquilo que possuem e assim acabaram tornando-se vítimas de um sistema que as aprisiona e rouba seus sonhos, fazendo com que acreditem não serem capazes de ter mais recursos, ganhar mais dinheiro e desfrutarem de uma melhor qualidade de vida.

A provocação e o convite aqui, não possuem o objetivo de rendermos culto a um gasto irresponsável, mas sim a intenção de nos permitirmos um gasto que nos traga mais conforto e nos faça felizes, ao mesmo tempo em que nos pressione, exija e obrigue a criar ativos, inovando e buscando negócios, para gerar mais renda. Qualquer gasto que nos encha de informações úteis, forneça novas experiências ou aumente nossas possibilidades, nos fazendo sentir que estamos realmente vivendo e não sobrevivendo, sem dúvida, valerá a pena.

Algumas pessoas, ao lerem isso, pensarão imediatamente ser impossível gerar mais renda, porque já realizam uma jornada diária de oito horas na empresa que paga seu salário. Elas estão acostumadas a vender suas horas e utilizam todo o tempo restante em outras atividades não rentáveis. Em geral, estas pessoas acreditam na falta de tempo para gerar mais renda.

Tempo é a gestão de prioridades! Você sempre escolhe fazer uma coisa, em detrimento de outra.

Numa época em que vivemos uma rotina frenética e repleta de distração, onde comumente pensamos não ter tempo para nada, é bom repensarmos a nossa relação com este bem chamado TEMPO. Costumo dizer, em algumas das minhas palestras, que a pobreza é a soma de horas mal utilizadas.

Quantas vezes nos flagramos indagando, falando ou pensando: "Já passou tanto tempo assim?" "Como o tempo passa!" "Nossa, parece que foi ontem!". Estas e muitas outras reflexões e citações que costumamos utilizar, sempre se referem ao tempo, e a respeito de como acreditamos que a vida passa rápido. "Quando nos damos conta, pronto, já foi! Passou!".

Sempre fui fascinado pelo tempo. Afinal, todo mundo sabe o que é o tempo, mas ninguém consegue defini-lo com precisão. Os mais sensíveis, conseguem senti-lo. Os mais sábios, conseguem aproveitá-lo. Para os mais velhos, o tempo normalmente é uma memória. Para os jovens, normalmente o futuro. Mas o fato é que a maioria das pessoas costuma dizer que não têm tempo para nada. O que elas deveriam dizer, na verdade, é que não sabem administrá-lo, pois o tempo é um bem comum a todos. O que nos resta é buscar uma relação harmoniosa com ele.

No fundo, o tempo é algo que interage com tudo! Você precisa de tempo para aprender, realizar, sonhar, cuidar, se divertir, ou seja, utilizar mal o tempo ou sentir uma real falta de tempo, é uma das maiores limitações impostas ao ser humano. Note que todas as vezes que você não teve tempo para fazer algo, significa que aquilo simplesmente não foi uma prioridade para você, tendo sido substituído, em algum momento, por outra atividade realizada. Quando assisto a uma novela, ao invés de ler um livro, não posso dizer que não tive tempo de lê-lo, mas sim que não era prioridade para mim. Da mesma forma, quando não me exercito e escolho utilizar o meu tempo para dormir um pouco mais, não posso dizer que não tive tempo de me exercitar, mas sim que priorizei dormir um pouco mais. Tempo é, tão simplesmente, uma gestão de prioridades.

Mas você já percebeu que a maior parte das pessoas troca o seu precioso tempo por um pouco de dinheiro? Sim, normalmente as pessoas vendem o seu tempo. Repare que os trabalhadores de uma empresa, que recebem um valor fixo no final do mês, simplesmente estão vendendo horas de trabalho, ou seja, trocando suas horas de vida por dinheiro. Você já parou para pensar nisso?

Este é um dos motivos pelos quais os ricos não trabalham por dinheiro, mas sim para ter ativos, fluxo de caixa, e desta forma terem mais tempo livre, para fazer aquilo que acreditam ser prioridade para eles. Mas não entenda, equivocadamente, que sou contra o emprego formal. Acredito que esta pode ser uma forma excelente de iniciar sua vida profissional, juntar dinheiro, antes de abrir um negócio próprio, ganhar experiência e descobrir habilidades. Na verdade, sou contra a pessoa passar toda sua vida dependendo de uma única fonte de renda. Também sou contra o comodismo, a mentalidade de escassez e uma vida inteira passada dentro de uma zona de conforto. Perceba que também é possível encontrar realização vendendo suas horas para uma empresa ou organização, caso a atividade seja de fato algo gratificante, e desde que você goste daquilo que faz e se sinta realizado trabalhando desta forma. Mas perceba também, que isso não impede ninguém de criar novas fontes de renda, inclusive com seus próprios hobbies, ou com aquilo que ama fazer, quando supostamente não está trabalhando.

Uma forma completamente possível de maximizar seu tempo e ganhar dinheiro é utilizando a tecnologia e a internet a seu favor, fazendo com que ambas cumpram seu papel. Aprenda urgentemente técnicas de marketing digital para criar algumas fontes de renda passiva de forma simples, rápida e sem necessidade de grandes investimentos. O marketing digital nos permite descobrir como é possível vender nosso conhecimento ganhando escala de forma ilimitada. Normalmente ensino marketing digital dentro dos cursos que ofereço aos meus alunos, como um bônus adicional, tamanha a importância que vejo na aprendizagem deste conteúdo para a geração de riqueza.

Outro conhecimento fundamental, porém mais especializado, é o de se operar no mercado internacional. Graças a um curso que realizei no exterior, com Sandy Jadeja, considerado um dos maiores traders do mundo, cheguei a ganhar, em um único dia, mais de cem mil dólares, operando do meu *smartphone,* enquanto passeava com a família em Paris. Posso até mostrar a nota de corretagem para comprovar isso. É fácil? Não! É possível fazer este tipo de operação todos os dias? Não! Mas, com o preparo e as informações adequadas, em algumas oportunidades pontuais que o mercado oferece, é possível sim ganhar muito dinheiro. Perceba que os maiores limites estão justamente em nossas crenças, nos pensamentos que nos amedrontam e na mentalidade que não permite nos tornarmos tudo aquilo que podemos ser.

Não recomendo a ninguém viver exclusivamente como operador do mercado, mas ao menos conhecê-lo, compreendendo como ele funciona, e eventualmente realizando algumas poucas operações que gerem lucro ou até mesmo prejuízo. Realizar operações no mercado fazendo alguns *trades,* poderá lhe proporcionar descargas de adrenalina, dopamina e endorfina.

Milhares de pessoas usam medicamentos para ansiedade e depressão, como antidepressivos ou até mesmo drogas, que destroem suas vidas. Parte de seus problemas acontece justamente pelo medo de falhar e pelas frustrações emocionais ou financeiras que seus medos acarretam. Estas pessoas poderiam aprender a operar no mercado financeiro, e possivelmente estariam mortas ou curadas em pouquíssimo tempo.

Ao invés de usar medicamentos e antidepressivos, as pessoas poderiam usar outras drogas: opções binárias + índices + forex.

Não estou recomendando aqui que qualquer pessoa opere no mercado, sem aprender como fazê-lo de forma correta e consciente. Aliás, sei que pouquíssimas pessoas no Brasil, realmente sabem ensinar técnicas que efetivamente funcionem e permitam ganhos com consistência. Segundo um estudo realizado pelos economistas Bruno Giovannetti e Fernando Chague, da Fundação Getulio Vargas (FGV-EESP), 97% das pessoas que especulam na bolsa perdem dinheiro.

A cada dia surge algum novo curso, mas normalmente repetindo as mesmas lições, que há tempos são apresentadas e que não geram assertividade, causando mais perdas do que ganhos. Aliás, para se tornar um bom operador, e realizar trades com sucesso, é necessário estar com uma programação mental adequada.

Uma das primeiras falhas dos cursos que vejo por aí, é a falta de preparação dos alunos no que se refere à mentalidade. Tornar-se um trader, mesmo que seja para operar apenas nas horas vagas, ou nos finais de semana, requer muito mais disciplina e preparo psicológico do que conhecimento técnico.

Antes de ajustar minha mentalidade e aprender as técnicas que sei hoje, meus resultados eram os mesmos de muitos dos *traders* espalhados pelo mundo: perder dinheiro, na maioria das vezes. Certamente, um chipanzé treinado em como lançar uma moeda para cima, e assim decidir se comprava ou vendia, haveria de ter mais sucesso do que eu naquele momento.

Alguém acha que não tive medo de perder dinheiro? Sim. Mas a motivação nota dez estava na minha frente, maior que o medo, me chamando para seguir em frente. Quem disse medo? Como diria um amigo meu: "o que é uma volta a mais para um ventilador?". Segui estudando e treinando, até chegar aos resultados que tenho hoje.

Talvez você esteja se perguntando, o que *trading* tem a ver com o tema central deste capítulo; mas explico, que a tecnologia atual lhe permite realizar trade a qualquer momento e de qualquer lugar do mundo que tenha conexão com a internet. Assim, usando seu *smartphone* em alguns poucos minutos do seu dia ou da sua semana, você pode multiplicar exponencialmente (ou perder rapidamente) seu capital aplicando este conhecimento.

Quando falo sobre o *trading,* algumas pessoas já pensam em viver de trade, e então normalmente eu lhes digo que não façam isso. Não deixe que sua renda dependa do *trading* ou de qualquer outra fonte única de subsistência. A pressão de necessitar do recurso proveniente destas operações para pagar as contas, deixa as pessoas ansiosas e mentalmente fracas, causando mais erros do que acertos. O *trading* deve ser apenas um "plus", realizado nas ocasiões em que o mercado favorece a execução destas operações.

É importante compreender que uma atividade não impede a realização de várias outras. Basta organizar melhor o tempo e conforme já afirmei, o ideal é que cada pessoa possua a maior quantidade possível de fontes de renda, sem tornar-se escravo e dependente de uma única alternativa. Organizando sua vida, você pode trabalhar como empregado, ter uma empresa, criar produtos digitais, fazer trade, tudo ao mesmo tempo. A tecnologia permite isso, e desde que você saiba se organizar, facilmente vai perceber que uma coisa não exclui as outras. Talvez você tenha alguns hobbies, como pescar, correr, cultivar plantas, entre outros, que poderiam se tornar fontes de renda através da venda do seu conhecimento, seja em forma de cursos, treinamentos, palestras, encontros, ou ainda, realizando estas atividades e encontrando formas de rentabilizá-las.

Quando você não se limita, quando consegue perceber novas possibilidades e aproveitar as oportunidades ao seu redor, sua mente se expande, você fica menos ansioso e passa a controlar melhor suas angústias e seus principais medos.

A realidade financeira de uma pessoa está baseada naquilo que ela acredita ser possível financeiramente; portanto, nada mudará até que a realidade mental da pessoa mude e isso só é possível quando essa pessoa esteja pronta e seja capaz de ir além dos seus temores e dúvidas, que impôs a si mesma. O medo não gera dinheiro; o medo paralisa.

O maior risco que um ser humano corre é de viver uma vida medíocre, abaixo das suas possibilidades, deixando que o medo seja protagonista ao invés dos seus sonhos.

COMO SERÁ O FUTURO?

A revista *Forbes* publica anualmente um ranking chamado Global Fortune 500, apresentando as quinhentas maiores corporações do mundo de acordo com as suas receitas. Podemos observar como esse ranking muda ano a ano e como essas mudanças estão cada vez mais intensas, fazendo com que dentre as empresas listadas em 2000, 52% tenham sido compradas, decretado falência ou saído da lista. Se compararmos a lista atual com a de 1955 (ano em que a publicação foi lançada), 88% dos negócios estão fora ou nem existem mais.

Isso mostra que enquanto algumas organizações conseguem se adaptar às mudanças culturais e tecnológicas, a grande maioria demora a se transformar.

É absolutamente necessário analisar o futuro de uma forma objetiva e o fato é que ninguém sabe realmente o que acontecerá nele, podendo apenas trabalhar com cenários prospectivos, buscando preparar-se para as maiores possibilidades de ocorrência. Na maior parte das vezes projetamos o presente, originando uma falsa evidência de que as mudanças ocorrerão lentamente, mas o fato é que as mudanças têm ocorrido em uma velocidade cada vez maior, pegando muita gente de surpresa.

E certamente as inovações não vão parar, sendo parte do cotidiano das novas gerações. Existe, por exemplo, um aplicativo chamado "moodies" (estados de humor), que já é capaz de dizer em que estado de humor você está. Já existem também aplicativos que identificam de maneira precisa se você está mentindo pelas suas expressões faciais. Imagine um debate político, onde estiverem usando um aplicativo desses e mostrando quando as pessoas estão dizendo a verdade e quando não estão. Além disso, observe que desde já, as pessoas têm aceitado a inovação de forma muito mais rápida. Depois de ser inventada, a eletricidade, por exemplo, demorou quarenta e seis anos para ser adotada por mais de 25% da população norte-americana. Foram necessários ainda trinta e cinco anos para ser adotado o uso do telefone, trinta e um para o rádio, vinte e seis para a televisão, dezesseis para o computador e apenas sete para a internet. Assim, tecnologia, empreendedorismo e uma rápida curva de adoção, formam uma combinação explosiva, que afeta os tradicionais setores econômicos, transformando modelos de negócios inteiros e acelerando o envelhecimento das coisas.

Veja o exemplo do telefone celular, que foi inventado em 1947, pelo laboratório americano Bell, mas passou a ser utilizado comercialmente apenas na década de 80, e popularizou-se somente na década de 90. Enquanto isso, o aplicativo UBER foi lançado em 2010, e popularizou-se rapidamente em menos de um ano, transformando completamente o segmento de transporte de passageiros no mundo todo. Observe que a velocidade de uso das invenções e a mudança cultural que representam são cada vez maiores.

Atualmente, uma das maiores redes de hospedagem do mundo é representada pelo aplicativo AIRBNB, porém esta empresa não possui um hotel próprio sequer. Da mesma forma que o UBER, que mesmo sendo apenas uma ferramenta de intermediação, domina o que seria a maior frota de transporte do mundo, ou simplesmente concorre com as maiores companhias de táxis do planeta, porém, na prática, não possui veículos próprios para transporte de passageiros. Isso mostra uma ruptura cultural, uma quebra de paradigmas e a velocidade com que as coisas estão acontecendo graças ao uso da Internet, da tecnologia e das redes sociais. Talvez até o término e edição deste livro, a realidade já seja outra, tal a velocidade com que as invenções se popularizam hoje.

Temos dificuldade em dar um prognóstico do que ocorrerá até em poucos anos. O futuro tende a ser sempre muito diferente do que imaginamos, e falar sobre o que acontecerá daqui a duas ou três décadas é apenas palpite, normalmente uma opinião baseada em fatos que aconteceram, mas que podem não voltar a se repetir ou ainda serem alterados.

Há aproximadamente dezesseis anos atrás, diziam que Internet era apenas uma curiosidade de jovens; pois bem, se equivocaram. Há aproximadamente vinte anos atrás, muitos asseguravam que o telefone celular sempre seria um símbolo de status, e que seria utilizado apenas pelos ricos, e assim também se equivocaram. Muitos previam o fracasso das empresas pontocom, hoje representadas por empresas como a AMAZON.COM. E, tampouco, foram melhor os que afirmavam que a baixa penetração inicial nas variadas camadas sociais, limitaria a Internet como meio de comunicação e plataforma comercial, nos países menos desenvolvidos.

Não se trata de dogmatizar, como ato de fé, que o futuro da Internet, como meio de comunicação e plataforma comercial terá um alcance cada vez mais profundo. Existem razões estruturadas baseadas nas leis da Física, que definitivamente impulsionam seu crescimento exponencial em todo o mundo. Os dois principais fatores que fundamentam essa crença, são a queda gigantesca dos custos de armazenamento, sem o qual não poderiam existir Google, YouTube, Instagram ou Facebook, bem como a quantidade de transistores por superfície, que atualmente já é possível incluir em um microprocessador.

Podemos observar que a Lei de Moore* continua vigente e tornando muito provável que ao longo dos próximos vinte ou trinta anos a capacidade dos microprocessadores continue duplicando a cada dezoito meses. Isso não apenas continuará tornando equipamentos como computadores, *tablets* e *smartphones* mais baratos e acessíveis, como também permitirá ainda mais o armazenamento e processamento na nuvem.

** Até meados de 1965 não havia nenhuma previsão real sobre o futuro do hardware, quando o então presidente da Intel, Gordon E. Moore, fez sua profecia, na qual o número de transistores dos chips teria um aumento de 100%, pelo mesmo custo, a cada período de 18 meses. Essa profecia tornou-se realidade e acabou ganhando o nome de Lei de Moore.*

Um terabyte, há aproximadamente quinze anos atrás, custava quase um milhão de dólares, e há um ano já custava algo em torno de cem dólares. Em 2007, quando apareceu o primeiro *smartphone* digno de ser chamado por este nome, o iPhone, tratava-se de um símbolo de status e poucos podiam comprá-lo. Em 2020 os telefones inteligentes ou *smartphones*, estão espalhados por todo mundo e são cada vez mais acessíveis. Se observarmos o que vem acontecendo, é possível predizer ao menos que a internet deve ser cada vez mais utilizada no futuro.

O acesso, penetração e uso da Internet nos diferentes países e classes sociais são, em parte, determinados pela disponibilidade de infra-estrutura e custos, tanto dos aparelhos (computadores, *tablets* e *smartphones*), quanto da conexão. À medida em que os *smartphones* se tornam mais acessíveis, torna-se mais fácil prever que, em mais dez anos, o mundo deverá estar com o dobro de usuários que tem hoje na Internet.

Imaginemos que chegando a cinco bilhões de usuários conectados, algumas regras deverão mudar, mas de imediato, o mais provável é de que ano a ano ocorram alterações paulatinas e que passem despercebidas.

As alterações que passam despercebidas, podem a médio e longo prazo acabar com profissões, empresas e organizações que não se adaptem. Muitas pessoas desatentas quanto ao que vem acontecendo, deverão passar por dificuldades caso não se preparem. Seria uma situação semelhante à parábola da rã fervida.

Se colocarmos uma rã em uma panela de água fervendo, imediatamente ela saltará e tentará sair; mas, caso o líquido se encontre à temperatura ambiente e aumentar o calor de forma gradativa, ela ficará tranquila e acomodada, sem perceber o perigo. Seu aparelho interno para detectar ameaças, esta preparado apenas para registrar mudanças repentinas no meio ambiente. Desta forma, ela vai curtindo a água morna, encantando-se com o calorzinho maior, desfrutando da quentura da água e, quando menos espera, estará morrendo cozida.

Isso acontece com as pessoas, empresas e organizações que não atuam observando e antevendo as mudanças que estão acontecendo gradativamente. São como as rãs na panela: a água está aquecendo e elas não saltam, e seguem ali acomodadas, até que cozinham e morrem. É um final previsível, apesar de que muitos não o percebem. No futuro, muitos perderão seus empregos e serão ignorados devido a sua incapacidade para se recolocar no mercado de trabalho e se comunicar através de uma nova linguagem dentro da rede.

É interessante perceber, que muitos de nós, somos iguais às rãs, presos numa panela, que é apenas um momento, no tempo e espaço, que tem tudo haver com a cultura e uma série de conceitos compartilhados. No entanto, sempre existem algumas rãs que percebem o que está acontecendo e decidem saltar, pois compreendem a mudança que está acontecendo, mesmo quando ela é lenta e paulatina, percebendo a inflexão cultural. Temos que entender que esta não é a primeira revolução tecnológica e nem será a última. Basta analisar o que aconteceu no mundo durante os últimos 300 anos.

A cada dia, um número maior de atividades passa a ser realizada por robôs, máquinas e softwares. Assim como as fábricas passaram a ficar cada vez mais automatizadas, as atividades de atendimento ao público também vão sendo modificadas aos poucos. Perceba que nos bancos, a orientação é a de utilizarmos preferencialmente os caixas eletrônicos, assim como nas redes de Fast Food, como no MC Donald´s, por exemplo, o pedido não é mais realizado no balcão através dos atendentes, mas sim através de telas *touch screen*. Profissões como caixas de supermercado, recepcionistas, telefonistas, agentes de viagens, dentre outras, serão consideradas cada vez mais obsoletas, e em breve teremos carros autônomos substituindo motoristas. Perceba que não adiantou as grandes redes hoteleiras reclamarem e tentarem se proteger do Airbnb, pois afinal esta é uma plataforma que se tornou realidade e cresce a cada dia. Taxistas brigam, fazem protestos, bloqueiam ruas, pressionam governos, mas o fato é que o transporte de pessoas foi modificado para sempre, após a invenção do Uber. Da mesma forma que a imprensa tradicional sofre diariamente com a perda de receitas para o Google, o Facebook, o Youtube e a internet em geral.

Logo chegaremos a uma época em que tudo aquilo que possa ser feito com uma máquina, passará a ser executado por ela, e na verdade as coisas que uma máquina não pode fazer são poucas, ou seja, temos que identificar o que podemos fazer e que tenha significado ou faça sentido para a vida de outros seres humanos.

Você está preparado para mudar? Muitas pessoas, empresas e organizações precisam passar por uma forte mudança cultural e aceitar a necessidade de adaptação em novos cenários. Não é questão de contar com mais ferramentas para continuar fazendo aquilo que sempre se fez, mas sim usar a criatividade, inovar e realizar as coisas de uma forma diferente, menos trabalhosa e mais eficiente.

Dentre os fatores que desencadearam e foram responsáveis pelo desenvolvimento cada vez mais acelerado deste processo de mudança, está a aparição de softwares que permitem interações sociais. Plataformas como Facebook, Twitter, Instagram, YouTube, Tinder, TikTok, Whatsapp, Telegram, LinkedIn, Blogger, dentre outras, que permitiram a possibilidade de compartilhar nossas vidas com o mundo conectado. Plataformas, cuja adesão e cristalização acelerada, se devem a motivação básica do ser humano: socializar. O sucesso destas plataformas acontece por uma razão básica: o ser humano necessita, desde que nasce, comunicar-se, e agora consegue fazer isso em escala e a custo quase zero.

As plataformas se somam então a uma crescente acessibilidade de hardware. O acesso a computadores, *tablets* e *smartphones,* com potência cada vez maior, permitem uma incrível facilidade para realizar filmagens, fotografar, descarregar arquivos e compartilhar conteúdos, com conexões cada vez mais velozes, mais disponíveis e principalmente mais acessíveis, desencadeando um aumento acelerado da penetração e do uso da Internet no mercado mundial. Um estudo do Banco Mundial, realizado em 2016, informava que o Brasil contaria com aproximadamente noventa e seis milhões de pessoas conectadas na Internet, ou seja, menos de cinquenta por cento da população brasileira. Também, segundo as pesquisas globais, realizadas no mesmo período, no mundo todo tínhamos aproximadamente um bilhão de usuários conectados na Internet, ou seja, muito pouco, perto dos quase oito bilhões de pessoas atualmente espalhadas ao redor do planeta. Pois bem, com aproximadamente um bilhão de usuários, em 2016, já era possível ver o reflexo do uso da Internet e das redes sociais na vida das pessoas; então, convido agora o leitor, a imaginar quais poderão ser as consequências relacionadas ao poder horizontal e ao compartilhamento de informações, possibilitado pelas redes sociais, quando atingirmos quatro ou cinco bilhões de pessoas conectadas, algo que certamente deverá ocorrer no transcurso desta década.

Compreendemos que ter as ferramentas, não significa necessariamente saber usá-las, mas atualmente as curvas de aprendizagem são cada vez mais curtas. Uma criança de três anos, parece ter nascido com uma capacidade natural, para usar aparelhos eletrônicos como *tablets* e *smartphones*. Portanto, o grande catalisador parece ser que no caminho da evolução tecnológica se juntam a necessidade natural de nos expressarmos, comunicarmos e até mesmo nos queixarmos com a possibilidade real de fazermos tudo isso em escala global, utilizando de forma barata e eficiente as redes sociais.

É natural observar em restaurantes, uma grande quantidade de pessoas, que mesmo estando acompanhadas, interagem apenas com seu *smartphone,* enquanto aguardam a comida chegar à mesa. Isso ocorre também em diversas outras situações. Os nascidos na década de 60, pela idade, tiveram que incorporar essa tecnologia, mesmo com certa dificuldade. Mas a partir 1980, as novas gerações não precisaram mais fazer tanto esforço, pois passaram a se familiarizar com a tecnologia presente em seu dia a dia. As gerações seguintes então, já nasceram com a tecnologia em pleno funcionamento; portanto, nem imaginam como seria a vida sem ela. Isso tudo abre um grande desafio, essencial, e também fascinante para todas as pessoas e principalmente, para todas as empresas, organizações e governos.

É realmente incrível que apesar de toda essa tecnologia disponível, no que se refere a trabalho e geração de renda, a grande maioria das pessoas ainda continue pensando e agindo como se estivesse em 1960. Uma minoria aproveita de verdade a internet e as redes digitais para efetivamente ganhar e multiplicar dinheiro. E é graças a toda essa tecnologia disponível, que podemos ver algumas pessoas ganhando escala e descobrindo formas de rentabilizar cada vez mais e melhor seu conhecimento.

Aliás, conhecimento e sabedoria são coisas distintas. Segundo o conceito formal, conhecimento é o ato ou efeito de abstrair a ideia ou noção de alguma coisa, como por exemplo:

conhecimento das leis; conhecimento de um fato; conhecimento de um documento; termo de recibo ou nota em que se declara o aceite de um produto ou serviço. Já a sabedoria, consiste em saber o que fazer com o conhecimento adquirido, ou seja, como utilizá-lo de forma prudente, moderada e útil.

"Conhecimento é saber que um tomate é fruta; sabedoria é saber que não se deve usar um tomate em uma salada de frutas."

Charliton Albert

Capítulo 11

IDEIAS MILIONÁRIAS

Conforme já mencionei anteriormente, estamos no melhor momento da humanidade para empreender. Nunca, jamais, em nenhum outro momento, as coisas estiveram tão fáceis como agora, e do meu ponto de vista, se você está com dificuldade, é apenas porque não possui conhecimento adequado ou não tem colocado em prática o conhecimento que possui, desperdiçando seu tempo, assistindo muitas horas de televisão ou estando com pessoas inadequadas, que não te acrescentam nada.

Nunca foi tão fácil e possível se locomover neste planeta, seja de carro, ônibus, navio, moto, trem, bicicleta, ou qualquer outro meio de transporte, como é hoje em dia. Nunca foi tão fácil adquirir, receber, comprar, compartilhar, entregar, doar ou vender conhecimento, como é hoje em dia. Nunca foi tão fácil levar pessoas, produtos, serviços ou mercadorias de um lugar a outro, como é hoje; nunca foi tão fácil se comunicar e entrar em contato com pessoas distantes, e nunca existiu tanto dinheiro dando voltas pelo planeta, ou seja, nunca existiram tantas oportunidades para empreender, como existe hoje. E eu acredito que não saber disso é uma falta de respeito consigo mesmo e com as oportunidades que a vida nos oferece, que a vida nos brinda.

Você conhece alguém que tenha um ou dois problemas? Com certeza deve estar pensando, sim, é obvio. Na verdade, não gosto muito da palavra "problema"; prefiro dizer que temos desafios ao invés de problemas. Mas, provavelmente, você deve concordar que todas as pessoas, em algum momento, e em algumas determinadas situações, enfrentam desafios.

Pois bem, então observe: se milhares de pessoas possuem os mais variados "problemas", que aqui vou chamar de "desafios", e se eu assumo que ser empreendedor é ajudar outros seres humanos a resolverem seus desafios, ou seja, que ser empreendedor é criar soluções para a vida das outras pessoas, através de algum produto ou serviço, então oportunidades não faltam.

Faço uma nova pergunta: Existem "problemas", ou como prefiro chamar, "desafios", aí fora, na rua? Sim ou não?

Bom, com certeza você deve estar pensando: sim, existem milhares de desafios. Pois bem, todos estão aguardando soluções de pessoas empreendedoras.

Então saia na rua e identifique um desafio, que você esteja apto a solucionar para ganhar dinheiro. Observe os milhares de desafios que ainda não foram resolvidos, ou que podem ser resolvidos de uma forma mais prática e eficiente. Criando um produto ou serviço capaz de solucionar estes desafios, você encontrará o caminho para ganhar dinheiro. Sim, afinal as pessoas pagam para resolver seus "problemas", que aqui passamos a entender como "desafios". É ai onde está o dinheiro. Ganha dinheiro quem encontra soluções e cria produtos ou serviços para resolver desafios.

Neste momento, por exemplo, estou oferecendo uma solução para um desafio. Você já identificou qual é este desafio? **Esta na capa deste livro!** Ensinar aos leitores como ter "Ideias Milionárias" e "Como reinventar-se para conquistar seus sonhos". Muito simples e objetivo.

Então, perceba que para ganhar muito dinheiro, você poderá criar um produto ou serviço que solucione os "problemas" ou "desafios" de um grande número de pessoas. Isso é o que fazem diversos empreendedores de sucesso. Criam soluções para desafios que afetam muita gente, e que por isso acabam sendo utilizadas por milhares ou milhões de pessoas.

Resolva o desafio de milhões e receberá milhões.

Assim, se você quer ganhar muito dinheiro, pare de fugir dos "problemas" ou "desafios", e passe a analisar todos que encontrar, até descobrir algum, que lhe permita criar um produto ou serviço para resolver.

Quanto maior o número de pessoas, que precisam resolver um determinado "desafio", e quanto mais econômica e eficiente for a sua solução para resolver este desafio, maior será a probabilidade de que faça sucesso e consequentemente você ganhe muito dinheiro com ela. Perceba que muitas soluções no seu dia a dia, surgem de ideias extremamente simples.

Sabemos que o Brasil é um país com milhões de pessoas endividadas e que não possuem nenhuma educação financeira. Assim, é fácil supor que muitas pessoas não sabem utilizar adequadamente o dinheiro que ganham e muito menos investi-lo adequadamente. Pensando nisso, criei cursos, mentorias e produtos capazes de ajudar estas pessoas a resolver este desafio. Assim, ao mesmo tempo em que ajudo a resolver um desafio delas, que é como lidar com o dinheiro, também acabo sendo remunerado, por dar a elas ensinamentos valiosos, que podem mudar suas vidas.

Se uma pessoa precisa de um conhecimento que você tem, significa que possivelmente estará disposta a pagar para obter este conhecimento. Da mesma forma, ocorre com os mais variados produtos e serviços. Quando você precisa ou deseja um determinado produto ou serviço, certamente estará disposto a pagar, ou seja, a trocar seu dinheiro por ele.

Muitos conceitos utilizados no passado, não são mais válidos, e a transferência de riqueza ocorre de forma cada vez mais brusca e acelerada. A cada dia que passa, o capitalismo vem se modificando. Até a década de 80, o dinheiro, ou melhor, o capital, era fundamental para qualquer negócio. Apenas quem tinha dinheiro conseguia realmente empreender. Era difícil obter conhecimento, produzir, transportar, ganhar escala, se comunicar, enfim, empreender. Apenas com muito capital, as ideias se tornavam produtos ou serviços altamente rentáveis. Mas, comprovadamente, hoje em dia não é mais bem assim. É possível criar e vender coisas ou ideias de forma cada vez mais fácil e rentável, ganhando uma escala nunca antes imaginada pelos empreendedores. As pessoas mais ricas do mundo têm saído da classe média, da pobreza, ou até mesmo da extrema pobreza, utilizando de forma simples a tecnologia a seu favor. Ideias básicas, como vender cursos de automaquiagem, yoga, fotografia, pompoarismo, inglês, oratória, meditação, culinária, adestramento de cães, dentre diversos outros temas, utilizando o marketing digital para vender em escala, tem feito inúmeros novos milionários.

O petróleo do século XXI passou a ser o conhecimento aplicado.

Outro fator fundamental para o sucesso, é descobrir o quanto antes quais são as suas habilidades, dons, talentos, bem como compreender qual é o seu propósito de vida e como seria possível rentabilizá-lo ganhando escala. Assim, você conseguirá ganhar dinheiro monetizando aquilo que faz de melhor e que lhe dá prazer. Caso você possua algum conhecimento específico, é importante aprender como colocá-lo a serviço dos demais seres humanos. As pessoas estão ávidas para dar dinheiro a quem os ajude a resolver seus desafios, ou a realizar seus desejos.

As pessoas querem dar o seu dinheiro em troca de soluções, ou da realização dos seus desejos.

Encontrar nichos de mercado, produtos ou serviços que podem ser lucrativos, depende basicamente de ideias orgânicas, ou seja, insights que crescem de forma natural, através das nossas experiências cotidianas. Talvez a melhor forma de ter boas ideias não seja pensar, mas sim observar. Procure no seu trabalho, nas suas experiências, e nas suas atividades: quais são as necessidades, "problemas" ou desafios? Uma boa pergunta é: por que ninguém fez isso até hoje? Se alguém fizesse isso eu compraria?

Resolva problemas; não os invente.

Pegue uma folha em branco e escreva no topo dela: "Eu odeio quando…", e escreva tudo aquilo que o incomoda. Muitos desses desafios podem virar produtos ou serviços. Afinal, o seu descontentamento com algum produto e serviço, provavelmente, é uma dor compartilhada por muitas outras pessoas.

Foi assim que já cheguei a várias ideias extremamente rentáveis. Se você tiver dificuldades com isso, olhe na seção de suporte ao cliente de sites, e encontre o que estão reclamando. O próprio site "Reclame Aqui" pode ser uma boa fonte de ideias. Lembre-se de que, quanto maior o número de pessoas beneficiadas pelo seu produto ou serviço, maior será o seu retorno financeiro.

Perceba então que as boas ideias de negócios estão por toda parte, mas pessoas interessadas em transformar as ideias em produtos ou serviços, e capazes de implementá-las, infelizmente não são muitas.

Para que uma ideia torne-se um sucesso, é primordial que haja uma dedicação fanática para colocá-la em prática. Para criar algo do nada e ter sucesso, é primordial aplicar o seu tempo nisso.

Também é possível ter boas ideias, encontrando alguém em uma indústria que você tenha interesse, e perguntando coisas fundamentais, como: qual seu trabalho? Quem faz isso ou aquilo? Qual a parte chata do seu trabalho? Quais são os três maiores desafios no seu trabalho ou em relação a um tema específico? Se você tivesse recursos infinitos e pudesse resolver qualquer problema em um piscar de olhos, qual seria? Como resolveria? Uma dica é não focar no que você pensa, e apenas escutar, com atenção, seu entrevistado. Os resultados desse tipo de conversa são surpreendentes, pois, diferente do que alguns pensam, a maioria dos empreendedores está disposto a contar sobre o seu negócio, e as dificuldades que viveu ao criá-lo e ao tirá-lo do papel.

Pense no futuro e crie o que está faltando nele.

Como será tudo daqui a um, dois, três ou cinco anos? Quais desafios existirão? Pesquise sobre as tendências mundiais, ou sobre tecnologias que permitirão novas formas de negócios. Perceba que tecnologias como internet das coisas e realidade virtual já são alguns exemplos de tendências tecnológicas, que prometem mudar várias indústrias. Quem sabe você enxergue coisas que devam estar presentes no futuro das pessoas e consiga transformar suas ideias em realidade.

Aprenda a monetizar uma paixão, uma dor, um conhecimento ou a superação de um desafio específico. A fortuna petrolífera ou imobiliária do século passado, agora está na internet. Embora, muitas vezes isso não esteja claro, todos nós possuímos conhecimentos ímpares.

Sua exclusividade vale muito dinheiro!

A internet democratizou as oportunidades de negócios para seus usuários de várias maneiras. O baixo custo e a grande facilidade na construção de sites permitem a qualquer pessoa tornar-se proprietário de uma espécie de imóvel on-line. Não é preciso saber muito sobre a internet para se criar um blog, um site, grupos ou páginas nas redes sociais. Assim como os móveis pré-fabricados, facilitaram a vida de marceneiros amadores, os *templates*, as redes sociais, os blogs e os sistemas prontos de gestão de conteúdo, fizeram o mesmo pelos desenvolvedores de sites. Além disso, a web transformou pessoas em especialistas. Ou melhor, possibilitou que todos consigam obter algum lucro com suas próprias especialidades. Cada um de nós pode ser ou se transformar especialista em alguma área. Talvez você não possua um título de doutorado em confecção de bolos, e nem tenha recebido o prêmio Nobel por suas contribuições inovadoras no campo do crochê, mas, se conhece mais sobre essas artes que a maioria das pessoas, já pode ser considerado um especialista no assunto. Note que não estou dizendo que você necessariamente saiba mais que todo mundo.

Todos tem alguma proficiência. Se em seu tempo livre você faz origami, tornou-se um perito em criar figuras com dobradura, o que não significa que não existam pessoas que saibam fazê-lo ainda melhor. Contudo, talvez essas pessoas não tenham um site para compartilhar tal conhecimento, mas você o tem. Todavia, caso elas possuam o site, é possível que o delas apresente métodos para confeccionar bichinhos de papel, enquanto o seu explica como fazer caixinhas. Talvez você goste de esportes, e seja um especialista em seu time de futebol. Caso goste de culinária, talvez seja um perito em fazer churrasco, feijoada ou qualquer outro prato delicioso. Lembre-se: qualquer pessoa pode ser ou se tornar especialista em alguma coisa. Isso ocorre, pelo simples fato de precisarmos preencher as 24 horas do dia com alguma atividade. Mesmo que você passe metade do dia sentado no sofá, assistindo à televisão, e passe a outra metade dormindo, seria possível dizer que você é um especialista em sofás, em seriados diurnos, programas de televisão, e em mais uma dúzia de outros hobbies. Enquanto houver outros indivíduos que se interessem pelo que você fizer, a internet lhe dará a oportunidade de ganhar dinheiro com tal conhecimento. Vale ressaltar, que não é necessário ser o maior conhecedor da internet, para lucrar com suas habilidades. Basta possuir informações que outros não tenham, mas que gostariam de adquirir. Pode ser que você nunca tenha milhões de leitores ou seguidores, mas ainda assim consiga vender de forma eficiente o seu conhecimento. Caso, por exemplo, você se dedique a desenvolver um site sobre apicultura, é bem possível, que somente uma fração de apicultores existente em todo o mundo o acesse. Em contrapartida, é provável que tais pessoas sejam realmente dedicadas a essa arte. Elas serão os usuários mais propensos a clicar em um anúncio desse tipo, comprar um produto ali comercializado ou até mesmo pagar pela assinatura de um boletim informativo. Mesmo se tratando de um assunto muito específico, o fato de estar na web e, portanto, acessível a qualquer um, em qualquer lugar, talvez atraia usuários suficientes, para proporcionar-lhe o dinheiro necessário, para começar a construção de um rentável empreendimento on-line. Essa é a vantagem de se ter um longo alcance, e é justamente aí, que entra a capacidade da internet de ganhar escala e assim gerar um público rentável até mesmo para os temas mais especializados. Qualquer conhecimento tem valor e pode gerar lucros on-line.

Bons artistas copiam; grandes artistas roubam!

Certa vez, durante uma entrevista, Steve Jobs, o famoso fundador da Apple, disse: "Não temos nenhuma vergonha em roubar grandes ideias". Então, se pensadores originais, como Picasso e Steve Jobs, não tinham nenhum problema em copiar ideias alheias, por que deveríamos ter? Quando um novo produto surgir, escreva formas como poderia usá-lo para uma nova ideia de negócio. Muitas ideias são mal executadas. Você é capaz de executa-las melhor? Vários negócios inovadores surgem no mundo; então por que não tomá-los como inspiração, para aplicar em seus novos empreendimentos? Alguns sites que podem servir de inspiração: Springwise, Hacker News, Product Hunt, CrunchBase e TechCrunch.

As ideias milionárias, assim como tantas outras coisas em nossa existência, são apenas o resultado da inspiração, da prática, da tenacidade, do conhecimento, da ação, da vontade e da experiência. Nosso afã por resultados rápidos, nos leva a perguntar-nos: Como conseguiremos ganhar mais? Como poderemos ter mais tempo para a família? Como poderemos ter mais oportunidades? Como poderemos ter mais liberdade financeira? Dentre outras inúmeras perguntas. Mas, estando envolvidos com essas questões, nos esquecemos de perceber, que o princípio de tudo, está no autoconhecimento, na autocompreensão e na expansão da consciência. Quanto mais nos conhecemos, mais aumentamos nossas chances de realizar as coisas com sucesso, e de forma que o resultado seja exatamente aquele que esperamos.

Sem dúvida, dentre todas as ideias milionárias que exponho neste livro, existe uma que é a principal. Por mais incrível que pareça, dentre todos os produtos e serviços que já criei durante minha vida, dentre todos os negócios que já tive, uma ideia milionária se destaca! Trata-se de uma ideia que todos deveriam utilizar em suas vidas: ***reinventar-se***.

Para sua realidade mudar, você precisa mudar! Se você pretende ter uma vida diferente daquela que possui hoje, e deseja tornar-se milionário, você precisa mudar. Continuar fazendo as coisas que fez até agora, vai levá-lo ao mesmo resultado que já teve.

Pergunte-se agora mesmo, neste exato instante, enquanto lê este livro: "Sendo como sou, conquistarei o que desejo?"

Em determinado momento da minha vida me fiz esta pergunta, e a resposta que me veio em mente foi "não". Senti naquele instante, que precisaria ser melhor e reinventar-me para conseguir me tornar a pessoa que gostaria de ser, fazendo mudanças significativas. Mudanças de atitudes, mudanças de valores, mudanças de crenças e, principalmente, mudanças de hábitos. Eu não queria mais ser apenas o pai dos meus filhos, mas sim uma referência para eles, e um exemplo a ser seguido. Eu não queria continuar sendo mais um na multidão, mas sim, um farol, que provê luz em momentos de escuridão.

Não existe uma ideia que seja mais importante do que nos reinventarmos com frequência. Você precisa passar por uma transformação, para obter resultados diferentes daqueles que já obteve até agora. Perceba que não é você quem deverá ter e aplicar as ideias milionárias, mas sim a sua nova versão, mais espiritualizada, poderosa, iluminada e sábia. Quando você se reinventa e permite que um ser superior guie seus passos até uma nova vida, outros resultados maravilhosos certamente passarão a ser produzidos.

Até que veja sua realidade atual de outro modo, qualquer mudança que faça em sua vida será superficial e efêmera. Se você deseja obter resultados de forma duradoura, deverá mudar sua ideia quanto ao porque as coisas acontecem. Para conquistar uma mudança e uma transformação verdadeira, terá que abrir-se a uma nova interpretação do que é real e certo. Para mudar a sua realidade, precisa pensar e agir de novas formas, ou seja, tem que ser diferente na maneira como responde às experiências que vive. Você precisa se transformar em outra pessoa, e assim criar um novo estado mental, necessário para observar um novo resultado, através de uma nova mentalidade.

Mudar seu pensamento é mudar sua energia, e assim permitir mudanças em sua mente, em suas emoções, em suas ações e consequentemente, em seus resultados. Todos podem acumular muito conhecimento e possuir muitas habilidades, mas isso será ineficaz e praticamente inútil, caso não tenhamos inteligência emocional. A forma como lidamos com nossas emoções é o fator decisivo entre o êxito e o fracasso; portanto, além das ideias, que tento passar através deste livro, você precisa trabalhar sua inteligência emocional.

Alguns milionários que já conheci, tinham um sonho. Na verdade, a maioria deles, possuíam muitos sonhos. Em alguns deles, esses milionários se viam deitados em uma praia, em Cancun, descansando e tomando algum drinque ou uma água de coco. Mas, não foram esses sonhos que os impulsionaram a tornarem-se milionários. Não há nada de errado com sonhos que envolvam riqueza material, conforto e a escolha de um estilo de vida específico. Isso pode até ser um objetivo que se queira atingir. Contudo, esse é apenas um destino, não o motor que nos impulsiona. O que nos leva adiante, é o sonho de fazermos o que gostamos, e cumprirmos o nosso "propósito de vida".

Até mesmo ficar deitado em uma praia paradisíaca pode cansar. Pode ser que demore para acontecer, mas, com o tempo, até uma viagem à praia será entediante, ou algo parecido como voltar para o escritório depois das férias. É por isso que muitos aposentados, mesmo tendo condições financeiras para parar de trabalhar, acabam trabalhando com alguma coisa, dando palestras, consultorias, ou oferecendo serviços em sua área. Afinal, se um trabalho lhe dá prazer, por que parar? Esse é o verdadeiro sonho, e, se você realmente o vive, saltará da cama todas as manhãs, com disposição para ganhar seu dia, e o dinheiro será consequência.

Entretanto, a maioria das pessoas nunca salta da cama. Elas simplesmente não estão fazendo o que nasceram para fazer. Se você é um desses indivíduos, que não está dando asas à própria paixão e a imaginação, significa que não está construindo o seu sonho; e então, infelizmente, você faz parte desse grupo. Pelo menos por enquanto.

Identificar seu sonho e persegui-lo, nem sempre é fácil no início, mas é a coisa certa a se fazer. Você precisa ter sede de conquista, sede de vencer.

Qualquer pessoa que deseje enriquecer de uma forma rápida, precisa ter a mente aberta para novas ideias e perceber que o próprio dinheiro é uma ideia. Dinheiro foi algo inventado a partir de uma ideia. Dinheiro é uma ideia tão poderosa, tão forte, que ao longo das últimas décadas influenciou a vida de bilhões de pessoas. Todo o mundo utiliza essa mesma ideia e esse mesmo conceito de dinheiro.

Cada ser humano é a fonte para a criação de dinheiro em sua própria vida. Quando a pessoa está disposta a ser tudo aquilo que nasceu para ser, ela se torna uma fonte infinitamente criativa para realizar tudo em sua vida, incluindo o dinheiro. Todos nós possuímos uma capacidade ilimitada (e na maioria das vezes não acessada), para criar uma realidade financeira que funcione em nossas vidas. O maior problema é que, desde a infância, aprendemos muitas coisas sobre o dinheiro que simplesmente não são verdadeiras. Quando começamos a eliminar esses mitos, crenças e valores equivocados, passamos a enxergar as coisas sob um novo olhar, e com uma perspectiva diferente; a partir daí, torna-se possível acessar ferramentas simples e pragmáticas, que mudam nossa dinâmica de lidar com o mundo monetário e com o dinheiro.

Se você realmente deseja mudar sua realidade financeira, desistir do julgamento terá que ser uma das principais etapas do processo. Ao contrário do que o mundo nos mostra, os julgamentos não criam mais em sua vida. Eles o mantêm preso em um mundo polarizado de certo e errado, bom e ruim, alinhando e concordando ou resistindo e reagindo. O julgamento não lhe dá liberdade, escolha ou possibilidade de qualquer coisa diferente, além de um lado ou outro da moeda. O julgamento impede que você pergunte, e isso o impede de ter ideias inovadoras e de simplesmente receber, portanto, sempre que perceber um pré-conceito, e através dele estiver julgando algo, ou tendo uma conclusão precipitada, pare e perceba que quando você acredita, com base em uma porção de pensamentos, sentimentos, julgamentos e conclusões, que o dinheiro só pode aparecer de determinadas maneiras, então o dinheiro não pode aparecer de outra forma, que não seja a que você decidiu que é possível ou provável. Com o julgamento do que o seu pré-conceito decidiu que não é possível, você fica cego a qualquer coisa que possa aparecer além do seu ponto de vista limitado. Reveja suas crenças, valores, e livre-se dos pré-conceitos que lhe cegam.

Reveja seus pensamentos, pois ao mesmo tempo, que muitos enxergam apenas crise no mundo, na economia, ou no seu país, outros estão crescendo e ficando milionários.

A energia que você cria com pensamentos positivos, quando se diverte, quando está totalmente envolvido com algo que ama, é generativa. Não importa como você esteja criando essa energia. Não precisa estar diretamente relacionada ao que você faz atualmente para ganhar dinheiro. Perceba que a maioria de nós, estuda grande parte da vida em escolas que tratam seus alunos de forma padronizada, sem levar em conta nossas principais qualidades, habilidades e potencialidades. Assim, raramente paramos para pensar no que nos traz alegria, e normalmente não procuramos as inúmeras maneiras de ganhar dinheiro fazendo algo que realmente gostamos.

Quando falo de ideias milionárias, na verdade não me refiro apenas a ter ideias; afinal, ideias comuns, existem muitas. Quando falo de ideias milionárias, me refiro principalmente àqueles pensamentos que te fazem vibrar, que te fazem sonhar, querer, desejar e acreditar.

Muitas pessoas pensam que a grande limitação de empreender e colocar suas próprias ideias em prática, reside na falta de dinheiro, mas, posso garantir que esta não é a principal dificuldade. Walt Disney, por exemplo, que viveu em uma época onde ter dinheiro ainda era um pré-requisito fundamental para se empreender, construiu um verdadeiro império sem ter dinheiro suficiente para colocar suas ideias em prática, convencendo outras pessoas a investir em seus projetos.

A principal dificuldade que temos para empreender e colocar nossas ideias em prática é a "Nilda", aquela voz interior negativa e tóxica, que nos faz paralisar e muitas vezes não nos deixa seguir em frente. Aquela voz que diz para ficarmos em nossa zona de conforto, ou na comodidade de um emprego que não gostamos; aquela voz que nos convence a aceitar tudo como está e continuar fazendo algo que não nos satisfaz, ganhando pouco, nos fazendo acreditar que não temos capacidade para fazermos algo melhor. É a voz que diz: "você não é capaz de fazer isso ou aquilo"; a voz da culpa e da resignação; é a voz que grita: "não faça isso porque vão falar de você". É a voz que manda ficarmos quietos, aceitarmos tudo e não corrermos riscos porque poderemos fracassar.

A segunda maior dificuldade é conviver com as pessoas tóxicas ao nosso redor, que ao invés de nos oferecer apoio, preferem criticar e dizer: "isso não vai funcionar"; "fazendo isso você vai perder dinheiro"; "isso é muito difícil", e por aí vai.

E o mais triste sem dúvida é que na maior parte das vezes, os maiores inimigos dos nossos sonhos, são os próprios familiares, amigos e a nossa voz interior.

Superadas as dificuldades iniciais, antes de empreender, verifique sempre quatro pontos fundamentais, através das seguintes perguntas:

1 – O produto ou serviço que você pretende oferecer está relacionado com algo que você gosta de fazer?

R. ____

2 – Você consultou o mercado para saber se as pessoas precisam ou desejam o produto ou serviço que você pretende oferecer?

R. ____

3 – O produto ou serviço que você pretende oferecer possui demanda?

R. ____

4 – O produto ou serviço que você pretende oferecer é único ou melhor que os demais existentes no mercado?

R. ____

Preenchendo estes quatro requisitos, as chances de sucesso aumentam consideravelmente.

Então eu lhe pergunto querido leitor: como você quer ficar milionário se você mesmo ainda não sabe o que quer da vida? Isso parece óbvio? Pois é, mas o óbvio ainda é um grande problema para os descontentes, que nada fazem para mudar.

A maioria das pessoas, no fundo, só quer que as coisas melhorem, mas não faz nada para que isso aconteça. Não sabem dizer se para elas isso representa apenas um melhor salário, um novo cargo, uma nova empresa. Só ficam se lamuriando o dia todo e, se você indagar, não conseguirão dizer nem do que não gostam, muito menos o que realmente querem da vida. E aí as coisas não acontecem mesmo. Se você não sabe, quem vai saber?

O mundo está cheio de gente assim, que não sabe o que quer, e que vive na média. Sabe por quê? Desde o ensino fundamental até o vestibular, a preocupação é com a média das provas. Isso cria gente média. Se a pessoa ficou na média, ótimo, é motivo para comemorar. Mesmo quando a média é cinco de dez. O que, convenhamos, equivale a comemorar um verdadeiro fiasco.

Mas a maioria de nós foi educada assim, e acredita que isso é o correto. O pensamento que prevalece, é o de que ficar na média é bom.

Na faculdade, continuamos seguindo a mesma estratégia, e a única preocupação da maioria é ficar na média. Ficou na média? Tudo bem! A maioria absoluta, quando recebe uma nota na média, abre um enorme sorriso de satisfação, como se o importante fosse apenas estar na média e ser aprovado. Isso faz com que tenhamos inúmeros profissionais que ingressam no mercado de trabalho procurando ficar na média. Da mesma forma, passam a vida na média e, é claro, tornam-se profissionais medianos. Porém, o mais terrível disso tudo é que a maior parte destas pessoas poderia tornar-se brilhante, mas pela forma como são ensinados e estimulados desde a infância, acabam se acostumando em ser medianos.

A diferença entre as estrelas e os medianos, é que as estrelas não se conformam com a média, e desejam tornarem-se pessoas brilhantes. Elas sabem que estar na média é ser mais um na multidão. Elas compreendem que ser mediano é ser medíocre.

Se você se contenta com a média, paciência! Mas há um preço para isso. Sabe qual é? Ter uma remuneração média, visibilidade média, reconhecimento médio, reputação média, enfim, uma vida média. Você se torna mais um na multidão e acaba fazendo parte da manada. E o pior: sua segurança também será média, porque sempre poderá surgir uma estrela no seguimento que você atua e substituí-lo.

Ser mediano é ser normal, e a normalidade só vai leva-lo a enxergar aquilo que todo mundo enxerga, e assim, fazer aquilo que todo mundo faz. Suas ideias e soluções, serão iguais às de todo mundo. A normalidade sempre lhe conduzirá para o meio da manada, para a invisibilidade.

Você não é o que diz que é, você não é o que gostaria de ser, muito menos o que dizem que você é. Você é na verdade seus resultados e o seu comportamento mais repetido.

Paulo Vieira

Ser normal, além de não produzir nada de interessante, vai deixar sua vida tediosa e as segundas-feiras insuportáveis. Se você pretende ter ideias milionárias e enriquecer, se você pretende ter uma vida repleta de prosperidade financeira, emocional, física e espiritual, assuma alguns riscos e pare de ser tão normal. O prêmio pode ser fazer algo prazeroso e, quem sabe, até memorável!

Pense hoje mesmo em tudo o que você pode fazer. Avalie todas as oportunidades ao seu redor. Descubra no que você é bom. Quais são as suas habilidades, dons e talentos? Reflita sobre todos os problemas, ou como prefiro chamar, "desafios", que estão ao seu redor, e descubra se não seriam ótimas oportunidades para criar um novo produto ou serviço. Ponha atitude em sua vida. Não meça esforços para conquistar o que deseja. Dê o primeiro passo, mas faça isso agora.

MENSAGEM FINAL

Em um mundo de alta competitividade, com milhões de pessoas medianas, normais e invisíveis, pequenas mudanças de comportamento e atitude, podem resultar em uma enorme vantagem competitiva.

Uma maneira de avançar na vida, é reconhecermos aquilo que realmente somos e o que já realizamos, abrindo os olhos para a nossa grandeza. Devemos aproveitar as inúmeras possibilidades, que diariamente aparecem a nossa frente, ao invés de simplesmente desistirmos antes de tentar, descartando essas possibilidades por falta de fé em nós mesmos.

Precisamos encontrar um "propósito de vida", que nos mova e nos leve a compreender nosso inestimável valor, para assim termos a certeza de que merecemos prosperidade e abundância. Existem três maneiras pelas quais você pode começar a se reconhecer de forma mais eficaz:

1 – Reconheça o seu valor;

2 – Reconheça o que é fácil para você fazer e ser;

3 – Reconheça o que você cria.

Não espere que os outros vejam seu valor antes de você, afinal, cada ser humano precisa se dar valor, antes que os outros possam efetivamente perceber o seu valor.

O estado emocional em que nos encontramos, é um fator determinante em nossos resultados. Nós, seres humanos, somos um mar de emoções, sentimentos e estados de ânimo, que mudam conforme as circunstâncias. Isso influencia na riqueza e em nossa determinação para conquistá-la. O estado de ânimo, controla a qualidade da nossa vida; portanto, devemos ter a capacidade de fervermos e de nos apaixonarmos por nossos objetivos, a fim de efetivamente termos sucesso em tudo aquilo que nos propomos a realizar.

Meus amigos e clientes que já assistiram algum dos meus cursos ou alguma das minhas palestras, certamente sabem que amo o modo "ferver", que é como denomino a energia que me move nestes momentos, meu estado de empolgação, que tem sido, é, e espero que continue sendo sempre meu estado predominante.

Você acessa o modo "ferver" quando ama o que está fazendo, e assim se sente empolgado com suas próprias ideias e com tudo aquilo que pretende realizar. Quando estou operando no meu modo "ferver", me sinto mais inspirado e propenso a desenvolver novas ideias, planos e projetos de sucesso.

Aprendendo a controlar os seus pensamentos, você se tornará capaz de alterar o seu estado mental para enxergar o futuro com otimismo, e isso se refletirá em sua vida. Quando as pessoas passam a se sentir mais otimistas, plenas, determinadas, cheias de energia, com atitude, linguagem e mentalidade para devorar o mundo, passam a operar no que chamo de modo "ferver", e assim aumentam exponencialmente seus resultados, conseguindo realizar seus sonhos e criar uma vida brilhante para si e para todos ao seu redor.

Uma recomendação prática para manter seu estado de ânimo alto e positivo, é desintoxicar-se das notícias negativas. Em geral, nos preocupamos com a nossa alimentação, porque queremos estar saudáveis e bem fisicamente, mas devemos nos preocupar também com aquilo que ouvimos, lemos, vemos, falamos ou sentimos.

Já faz mais de dez anos que deixei de assistir os jornais televisivos, que mais parecem informativos judiciais, dando sempre ênfase e destaque para coisas negativas, falando de roubos, violações, sequestros, corrupção, mortes, extorsões, catástrofes, crises e doenças. Terminava de assistir o noticiário e me sentia abatido e desanimado com tudo aquilo que via e escutava. O fato é que os jornais insistem em mostrar uma realidade parcial como única e verdadeira, certamente porque as notícias boas não vendem tanto e não prendem a atenção da maioria dos telespectadores.

De forma inconsciente, as pessoas apresentam um interesse exagerado por tragédias, e a comprovação disso é que os sites mais acessados, assim como as matérias mais lidas nos jornais e as notícias que dão maior ibope na televisão, estão ligadas diretamente às tragédias. Isto ocorre por vários fatores, mas dois deles se destacam. Quando temos acesso a informações ruins, que aconteceram na vida de outras pessoas, automaticamente, comparamos a todas as situações que estamos vivendo ou já vivemos, e, se esta situação é julgada como algo "pior", de certa maneira traz alívio às nossas dores. A comparação feita é a de que aquela pessoa está passando por situação pior do que a vivenciada por nós. Outro fator é a curiosidade, que se trata de um instinto presente em qualquer espécie, e está relacionado ao querer estar informado sobre determinada situação como forma de proteção. Quando ocorre algo trágico, como por exemplo, um assassinato ou um acidente, a busca por detalhes se destaca, pois cria a ilusão de que, sabendo como aconteceu, talvez seja possível evitar, ou pelo menos prevenir que a mesma situação se repita conosco. Além disso, o sentimento de vitimismo nos conforta e nos permite arranjar culpados para os nossos próprios problemas.

Sempre que acontece na nossa vida algo com o que, por algum motivo, não conseguimos lidar, usamos uma poderosa ferramenta de segurança mental: a repressão. Ela acontece quando algum sentimento ou emoção é tão intenso, que a mente o bloqueia totalmente da consciência. Assim, enterramos esta emoção tão funda na mente subconsciente, que perdemos a consciência dela. Na maioria das vezes, nem temos memória do fato.

Acontece que a repressão tem uma melhor amiga: a projeção. Projetamos nos outros, tudo aquilo que está escondido no nosso subconsciente. Então, as notícias ruins, são uma oportunidade de projetar toda a nossa culpa e vergonha reprimidas, nos assassinos, estupradores, políticos corruptos e nas outras pessoas supostamente do mal que vemos na televisão e nos jornais. Porque para a nossa mente consciente eles são do mal, e nós não. Assim, a repressão junto com a projeção, andando de mãozinhas dadas, criam e mantém o arquétipo da vítima.

Por mais estranho que pareça, o ser humano ainda tende a achar bom que a tragédia tenha acontecido com um desconhecido. Instintivamente, saber que uma tragédia aconteceu com outra pessoa e não comigo ou com uma pessoa próxima a mim, traz a sensação de alívio e escape, ou a sensação de que minha vida está melhor do que a dos outros que sofreram.

Outro aspecto social é o fato de que o sucesso alheio não interessa, mas a desgraça alheia sim. Este é o fator conhecido como "síndrome do urubu". Se uma pessoa me diz que alguém está bem, perceba que não se prolonga o assunto; mas quando ficamos sabendo que alguém está com problemas, logo aguça nossa curiosidade e passamos a querer saber sobre todos os detalhes. Não é a toa que falar da vida alheia é um dos passatempos mundiais favoritos, seja no cafezinho, no BBB ou no noticiário da televisão.

Independentemente das explicações acima, sobre os motivos pelos quais as pessoas buscam informações negativas, o mais importante é compreender que, tanto a procura, quanto a exposição a essas informações, não são benéficas. A exposição a notícias ruins e a tragédias nos deixa com pensamentos negativos e prejudica significativamente nossa energia, podendo em alguns casos desencadear, a longo prazo, até mesmo transtornos de ansiedade, síndrome do pânico, além de outros problemas psicológicos que podem necessitar de tratamento.

A cultura tem grande influência nos aspectos psicológicos da sociedade. O ser humano reflete o meio ao qual ele está inserido. Por isso, torna-se tão importante termos a consciência de que somos feitos daquilo que absorvemos no dia a dia, seja positivo ou negativo. Devemos estar conscientes de que os nossos resultados são basicamente fruto das nossas crenças e das nossas escolhas. Com o advento da internet, todo tipo de informação ficou ao nosso alcance, mostrando o quanto a escolha de acesso é pessoal e intransferível. Cada um opta por qual informação irá acessar e o que deseja absorver.

No meu caso, deixei de assistir os noticiários, os jornais e tudo aquilo que considero tóxico ou negativo. Passei a dedicar o tempo que usava com isso para ler bons livros, fazer exercícios, estudar, meditar, escutar música, consumir e produzir conteúdos educacionais, trabalhar e estar com a família.

Lembre-se então que notícias negativas geram pensamentos negativos, os quais geram sentimentos negativos, que geram ações negativas e que assim causam resultados negativos em sua vida. Assim, qualquer pessoa que busque resultados positivos, deve evitar ao máximo o contato com as notícias negativas, com ambientes negativos e com pessoas tóxicas.

Às vezes, quando estou com certas pessoas, opto pelo silêncio ou pela distância, e então, em alguns casos, estas mesmas pessoas me perguntam por que estou tão calado. Normalmente respondo que devemos mudar de assunto, mas muitas delas continuam ali, contando sobre alguém com uma doença terminal, alguém que faliu, foi despedido, morreu ou que está passando por alguma tragédia. Então tento mudar o assunto, mas na maioria das vezes, as pessoas continuam, e nesse caso o melhor a fazer é se afastar. Isso acontece inclusive com pessoas próximas, mas a verdade é que para ter prosperidade, devemos nos alimentar de outro tipo de conversa e de mensagens positivas.

Gostamos de estar com nossos amigos, mas se eles só falam de coisas negativas, precisamos escolher entre escutá-los, e assim atrair uma vida de dificuldades, tragédia e escassez, ou se preferimos sentir inspiração, e interagir mais com pessoas positivas, que compartilhem nossas ideias e nossos sonhos, que queiram aprender cada vez mais, desejando crescer e tendo objetivos grandes, nobres, transcendentes e inspiradores.

Quando alguém lhe disser que as coisas estão muito difíceis, porque essa é a mensagem que absorveu da televisão e das pessoas com as quais ela convive, mude de assunto, finja-se de surdo ou afaste-se, e opte por pensar que o seu presente e o seu futuro são construídos por você, e que cada segundo é uma nova oportunidade de realizar seus sonhos. Pense que independente de como estão a economia ou as condições do seu país, quem forja o seu destino, com atitude e talento, é você mesmo!

Se, verdadeiramente, queremos mudar nossos hábitos financeiros, devemos parar de andar com pessoas que tenham pensamento de escassez. Não digo com isso, que devemos escolher nossos amigos pelo quanto possuem de dinheiro, mas sim pelo que pensam e desejam. Ande com pessoas que tenham aspirações parecidas com as suas e mentalidade de abundância; ande com pessoas que tenham sonhos e um verdadeiro desejo de crescer. O conjunto de características do grupo em que estamos inseridos, influencia na maneira como nos comportamos, participando assim da construção de quem acabamos nos tornando. Nossa vida social, tem grande relação com os resultados que alcançamos, principalmente na concretização ou não dos nossos sonhos e metas.

Você deve se afastar de pessoas negativas, que não estejam alinhadas com o seu propósito de vida. Cerque-se de pessoas que se preocupam em como podem ajudar, ao invés de pessoas que não passam de apagadores de sonhos. Cercar-se de pessoas saudáveis, inteligentes e interessantes, ajudará você a crescer. E o oposto também é válido.

ATENÇÃO: Não estou dizendo que você deva abandonar familiares e amigos, entretanto, esteja alerta e consciente. Gerencie seu tempo com essas pessoas. Aceite conselhos apenas de quem está na mesma sintonia, ou que já esteja colhendo os frutos que você tanto deseja.

É seu o poder de controlar quem você se tornará através do seu próprio desenvolvimento pessoal e das suas escolhas.

Seu círculo de amizades é formado por pessoas negativas, "quebradas" e preguiçosas? Provavelmente, este será o conjunto de coisas que o futuro reservará para você – e aí não adianta esperar que algum milagre aconteça. As amizades contagiam, tanto para o bem, quanto para o mal. Tudo o que você quer para o seu futuro, pode ser moldado através das relações que você tem no seu dia a dia.

Como é possível alguém se tornar milionário, se quando lhe perguntamos, o que acha do dinheiro, responde: "É um mal necessário".

Você realmente acredita que alguém que pense que o dinheiro é um "mal" necessário, conseguiria lhe dar bons conselhos ou ajudar no seu crescimento financeiro?

REFORÇO: isso não significa que você deva abandonar família e amigos. O fato é que talvez eles não sejam os melhores conselheiros para o que você procura; por isso é importante estar rodeado de pessoas que estão em sintonia com os seus objetivos.

Mentalidade de pobre + leituras de pobre + nenhum amigo rico = modo pobre.

Você tem o direito de fazer as escolhas, mas não de escolher as consequências. Se a vida não está como gostaríamos, não devemos continuar fazendo mais do mesmo e repetindo sempre as mesmas coisas, caso contrário, teremos sempre os mesmos resultados. Perceba que, a cada dia, temos uma nova oportunidade de mudar e realizar novas escolhas.

Certamente, você já ouviu alguém dizer que a falta de dinheiro é um problema, mas na verdade, ela é apenas um sintoma do que está acontecendo em sua vida. A falta de dinheiro é somente um efeito, e a causa, pode ser resumida da seguinte forma: "a única maneira de mudar seu mundo exterior, é modificando seu mundo interior".

Nunca esqueça de que ter dinheiro é resultado; riqueza é resultado; pobreza é resultado; saúde é resultado; doença é resultado; seu peso é resultado. Vivemos em um mundo de causa e efeito, portanto, qualquer que sejam os seus resultados, abundantes ou escassos, bons ou maus, positivos ou negativos, tratam-se apenas de resultados. Lembre-se sempre de que o seu mundo exterior é somente um reflexo do seu mundo interior, e que os seus pensamentos e as suas escolhas, geram os seus resultados.

Se você não gosta do que está colhendo, olhe para trás e veja o que você plantou.

Quem deseja ter sucesso, deve parar de pensar e agir como um ser comum. As pessoas que buscam se comparar e fazer aquilo que todos fazem, repito, conseguirão enxergar apenas aquilo que todos já enxergam, pensando sempre nas mesmas possibilidades, tendo sempre as mesmas ideias e desenvolvendo produtos ou serviços idênticos aos já existentes. Atitudes normais levam a resultados normais; assim, os iguais não se destacam e desta forma tem pouco valor.

Vivemos em uma sociedade com extrema necessidade de buscar o novo, o diferente, mas a maioria absoluta das pessoas, continua sempre seguindo a manada e querendo ser igual às outras, em suas respectivas tribos de afinidades. Se você prestar atenção na geração nascida nos últimos vinte anos, conseguirá perceber isso com muita clareza. Dezenas de tribos convivem dentro de um mesmo rótulo genérico, que denominamos de jovens. Porém, é fácil perceber que são tribos totalmente diferentes umas das outras, mas com integrantes absolutamente iguais. As mesmas gírias, o mesmo gestual, o mesmo corte de cabelo, a mesma linguagem, vestidos da mesma forma, com marcas de roupas iguais, escutando as mesmas músicas, frequentando os mesmo lugares, compartilhando as mesmas ideias.

Assim, as diferenças ficam entre as tribos, e não entre as pessoas. Ou seja, vivemos o paradoxo da busca desesperada por ser diferente, desde que estejamos dentro de um grupo de iguais. Cada jovem procura uma tribo diferente, em que possa se encaixar, e quando a encontra, passa a integrar um grupo de iguais. Essas pessoas abdicam da diferença individual, pela afirmação da diferença coletiva de um grupo desses.

Falo dos jovens para que a compreensão fique mais simples, mas não devemos nos limitar a eles; afinal, se percorrermos todas as faixas etárias, acabaremos constatando a ocorrência da mesma coisa. E se entrarmos no aspecto profissional, veremos de forma gritante que os resultados também são evidentes. Os médicos, por exemplo, compõe uma tribo desde os tempos de faculdade, formando um grupo coeso nesse aspecto. Pense agora nos engenheiros, advogados, publicitários, políticos, dentre outros grupos que acabam criando estereótipos. As pessoas se comportam de forma tão padronizada, que chegamos a dizer que um jornalista tem cara de jornalista, arquiteto tem cara e jeito de arquiteto, e assim por diante.

VOCÊ = TODOS OS OUTROS = COMMODITY = VALOR DE MERCADO.
VOCÊ DIFERENTE = MONOPÓLIO DE SI MESMO = VALOR PREMIUM.

Chega de sermos normais. Chega de sermos pessoas comuns. Chega de sermos iguais! Devemos deixar de ser cópias uns dos outros. Assim como um produto raro, ou um produto único tem mais valor, você, como pessoa, deve ser único e, portanto, diferenciando-se terá maior valor. Caso continue a fazer o que todos estão fazendo, vestir o que todos estão vestindo, assistir o que todos estão assistindo, escutar o que todos estão escutando, falar do que todos estão falando, se transformará em um produto comum, um *commodity*, um bem essencial, uma matéria prima; portanto, será remunerado como tal, pobremente. Tenha em mente que o valor não está naquilo que é abundante, mas naquilo que é raro, escasso e singular.

Concentre-se no que você faz de melhor! A sua grande oportunidade pode estar aí.

Você precisará descobrir uma habilidade especial, um conhecimento diferenciado, uma forma de fazer, um jeito de atuar. Algo que tenha relação com o seu "propósito de vida". Também precisará descobrir como monetizar isso, de forma que gere valor para outros seres humanos e para você. É importante que o produto ou serviço que esteja disposto a oferecer ao mundo, seja necessário, e que as pessoas estejam dispostas a pagar para obter, criando assim valor de mercado e sendo algo em que você possa apostar. Algo que goste de fazer. Algo ainda em que se concentre, e que lhe dê tanto prazer que você não veja as horas passarem quando estiver ali envolvido com o seu produto ou serviço.

Analise aquilo que faz bem e, que sempre o ajudou, até aqui. Pense nos seus projetos e trabalhos que deram certo, e descubra o que estava por trás de cada um. Talvez haja ali uma habilidade ou um conhecimento, até então subutilizados, e que poderiam ser melhor aproveitados. Descubra o que lhe dá prazer, o que faz de melhor e como é possível monetizar. Independente do que for, precisa ter valor de mercado. De nada adianta se concentrar em uma coisa que você faça muito bem, mas pela qual ninguém vai querer pagar.

Você deve se concentrar em ser o melhor do mundo naquilo que escolher fazer. A excelência é importante, para criar e manter uma reputação. Se já é bom, não se contente com isso, busque estabelecer o padrão e se tornar uma referência.

Quantas pessoas você conhece, que estudaram algum assunto específico para conquistar uma profissão? E quantas pessoas você conhece, que estudaram educação financeira, ou mais especificamente, sobre o dinheiro, e como ganhá-lo, usá-lo, mantê-lo e multiplicá-lo?

É impressionante, como as pessoas não percebem alguns dos motivos mais básicos, que as impedem de enriquecer com facilidade. Alguém que deseje ser dentista, passa no mínimo cinco anos estudando odontologia; um advogado, também passa no mínimo cinco anos estudando direito; e assim ocorre com inúmeras profissões, ou seja, para aprender aquilo que desejamos realizar, precisamos passar um bom tempo estudando. Pois bem, da mesma forma que, para ser engenheiro, você precisa estudar e aprender engenharia, para ser rico você precisa estudar e aprender tudo sobre o dinheiro. Parece algo óbvio, mas a maioria das pessoas não enxerga isso.

Assim, é importante reforçar que, independente da área de atuação profissional escolhida, todos aqueles que desejam enriquecer, devem aprender educação financeira; afinal, não adianta apenas ganhar dinheiro e não saber como usá-lo, mantê-lo e multiplicá-lo. Conheço pessoas que ganham bem, mas vivem sem dinheiro, passando por dificuldades, simplesmente porque não sabem como utilizar de forma eficiente aquilo que ganham.

Se você muda aquilo que é, também muda aquilo que faz! Se você quer crescer financeiramente, comece pelo seu próprio crescimento.

Desejo que, nessa reta final do livro, você reflita sobre uma pergunta: Quando você morrer, como gostaria de ser lembrado? Eu pensei sobre isso algumas vezes em minha vida, e a resposta sempre gravitou em torno do meu "propósito de vida". Agora lhe pergunto: Qual a sua contribuição para a humanidade?

Ser lembrado como um homem comprometido, que nunca quis morrer como carvão, porque sempre acreditou que os seres humanos nasceram para serem diamantes, eis a minha aspiração!

Acredito que, a partir dessa leitura, você passa a ser capaz de mudar sua vida mediante saltos quânticos, pois passa a compreender a importância de encontrar o seu "propósito de vida", e assim ter motivações nível dez, que alimentem seus desejos e a determinação de alcançar suas metas e, portanto, tornar-se rico e próspero.

Desde que identifiquei meu "propósito de vida", dedico cada minuto, de cada hora, de cada dia, a investir nesse objetivo. Sinto-me realizado, inspirando e transformando pessoas, para que sejam mais felizes, por meio do autoconhecimento, da expansão da consciência e da educação financeira. Estas páginas têm como principal finalidade, cumprir com esse objetivo de vida, mostrando para o maior número de leitores um caminho através do qual possam se tornar pessoas brilhantes.

Se você ainda não havia iniciado esse caminho, considero que a partir desse momento, conta com as ferramentas e informações necessárias para começar algumas mudanças que sua vida precisa para alcançar mais prosperidade. Não deixe passar mais tempo!

Com um pouco de equilíbrio, é possível cuidar do futuro, sem se privar de alguns sonhos do presente. Aprender a "racionalizar" e controlar as emoções poderá torna-lo uma pessoa próspera e livre. Fique rico para não receber mais ordens de ninguém. Fique rico para trabalhar apenas com o que gosta, quando e se quiser. Fique rico para esquecer que o governo existe. Fique rico para desfrutar do prazer e da sensação de fazer suas próprias escolhas. Fique rico para ajudar e dar conforto às pessoas que você ama. Fique rico para ensinar outras pessoas como também podem fazer isso e dessa forma aumentarem a sua qualidade de vida. Fique rico para ter tempo de contribuir com o mundo, ou para participar mais ativamente de projetos sociais caso sinta esse desejo. Fique rico para ter a liberdade de ir e vir, viajando para lugares onde você poderá colecionar momentos especiais, conhecer culturas, pessoas, e adquirir experiências que poderão fazer sua vida ter ainda mais sentido. Fique rico para ser você mesmo, e não aquilo que os outros querem que você seja. Fique rico para ser livre e aproveitar melhor o seu TEMPO!

Não há quem não possa enriquecer, mas há quem desista!

Comece a sua transformação agora mesmo, reorganizando suas ideias, saindo da mesmice, se reinventando e iniciando assim uma caminhada, até a realização dos seus sonhos. Assuma que você é o único responsável pela construção da sua história.